T5-BBX-208

McAllen, TX
Febrero 06

Con mucho cariño
para la cónsul
alterna más arriesgada
y firme del SEM.

Cuídate mucho,
y recuerda... you've
not alone although
you're a bit far.

maya

EL RAYO QUE NO CESA
VIENTO DEL PUEBLO
EL SILBO VULNERADO
IMAGEN DE TU HUELLA
OTROS POEMAS

BIBLIOTECA CLÁSICA Y CONTEMPORÁNEA

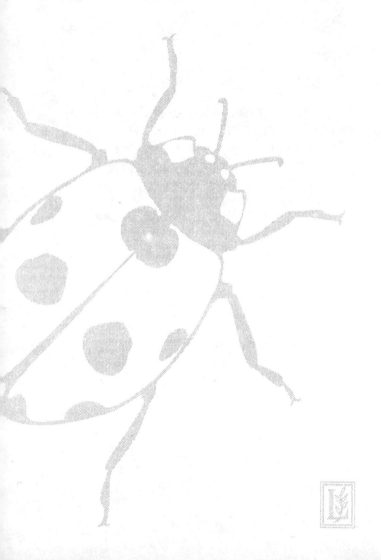

MIGUEL HERNÁNDEZ

EL RAYO QUE NO CESA
VIENTO DEL PUEBLO
EL SILBO VULNERADO
IMAGEN DE TU HUELLA
OTROS POEMAS

Losada

EL RAYO QUE NO CESA
VIENTO DEL PUEBLO
EL SILBO·VULNERADO
IMAGEN DE TU HUELLA
OTROS POEMAS

© LOSADA, S.A.
  Moreno 3362, Buenos Aires

D. R. © 1997, para esta edición mexicana de LOSADA, S.A.,
           producida y distribuida por
           EDITORIAL OCEANO DE MÉXICO, S.A. DE C.V.
           Eugenio Sue 59, Colonia Chapultepec Polanco
           Miguel Hidalgo, Código Postal 11560, México, D.F.
           ☎ 282 0082 ✆ 282 1944

PRIMERA EDICIÓN

ISBN 950-03-6239-2

Quedan rigurosamente prohibidas, sin la autorización
escrita del editor, bajo las sanciones establecidas en las leyes,
la reproducción parcial o total de esta obra por cualquier medio
o procedimiento, comprendidos la reprografía y el tratamiento
informático, y la distribución de ejemplares de ella mediante
alquiler o préstamo público.

IMPRESO EN MÉXICO / PRINTED IN MEXICO

ÍNDICE

IMAGEN DE TU HUELLA
[1934]

[Primera versión de *El silbo vulnerado*. Sólo se transcriben los sonetos que ofrecen variantes dignas de nota.]

Gozar, y no morirse de contento,
sufrir, y no vencerse en el sollozo;
¡oh, qué ejemplar severidad del gozo
y qué serenidad del sufrimiento!

Dar a la sombra el estremecimiento,
si a la luz el brocal del alborozo,
y llorar tierra adentro como el pozo,
siendo al aire un sencillo monumento.

Anda que te andarás, ir por la pena,
pena adelante, a penas y alegrías
sin declarar fragilidad ni un tanto.

¡Esta tristeza de ojos qué serena!:
¡qué agraciado en su centro encontrarías
el desgraciado límite del llanto!

Astros momificados y bravíos
sobre cielos de abismos y barrancas,
como densas coronas de carlancas
y de erizados pensamientos míos.

Bajo la luz mortal de los estíos,
zancas y uñas se os ponen oriblancas,

y os azuzáis las uñas y las zancas
¡en qué airados y eternos desafíos!

¡Qué dolor vuestro tacto y vuestra vista!:
intimidáis los ánimos más fuertes,
anatómicas penas vegetales.

Todo es peligro de agresiva arista,
sugerencia de huesos y de muertes,
inminencia de hogueras y de males.

III

Mis ojos, sin tus ojos, no son ojos,
que son dos hormigueros solitarios,
y son mis manos sin las tuyas varios
intratables espinos a manojos.

No me encuentro los labios sin tus rojos,
que me llenan de dulces campanarios,
sin ti mis pensamientos son calvarios
criando cardos y agostando hinojos.

No sé qué es de mi oreja sin tu acento,
ni hacia qué polo yerro sin tu estrella,
y mi voz sin tu trato se afemina.

Los olores persigo de tu viento
y la olvidada imagen de tu huella,
que en ti principia, amor, y en mí termina.

IV

Ya se desembaraza y se desmembra
el angélico lirio de la cumbre,
y al desembarazarse da un relumbre
que de un puro relámpago me siembra.

Es el tiempo del macho y de la hembra,
y una necesidad, no una costumbre,
besar, amar en medio de esta lumbre
que el destino decide de la siembra.

Toda la creación busca pareja:
se persiguen los picos y los huesos,
hacen la vida par todas las cosas.

En una soledad impar que aqueja,
yo entre esquilas sonantes como besos
y corderas atentas como esposas.

V

Pirotécnicos pórticos de azahares,
que glorificarán los ruy-señores
pronto con sus noctámbulos amores,
conciertan los amargos limonares.

Entusiasman los aires de cantares
fervorosos y alados contramores,
y el giratorio mundo va a mayores
por arboledas, campos y lugares.

La sangre está llegando a su apogeo
en torno a las criaturas, como palma
de ansia y de garganta inacabable.

¡Oh, primavera verde de deseo,
qué martirio tu vista dulce y alma
para quien anda a solas miserable!

VI

Silencio de metal triste y sonoro;
agrupa espadas, acumula amores

en el final de huesos destructores
de la región volcánica del toro.

Una humedad de femenino oro
que olió puso en su sangre resplandores,
y refugió un bramido entre las flores
como un inmenso y clamaroso lloro.

De amorosas y cálidas cornadas
cubriendo va los trebolares tiernos
con el dolor de mil enamorados.

Bajo su piel, las furias refugiadas
son en el nacimiento de los cuernos
pensamientos de muerte edificados.

VII

Ya de su creación, tal vez, alhaja
algún sereno aparte campesino
el algarrobo, el haya, el roble, el pino
que ha de dar la materia de mi caja.

Ya, tal vez, la combate y la trabaja
el leñador con ímpetu asesino
y, tal vez, por la cuesta del camino
sangrando sube y resonando baja.

Ya, tal vez, la reduce a geometría;
rectas, planos, la mano que le apresta
el zapato mayor a todo vivo.

Y cierta, sin *tal vez*, la tierra umbría
desde la eternidad está dispuesta
a recibir mi adiós definitivo.

EL SILBO VULNERADO
[1934]

Para cuando me ves tengo compuesto,
de un poco antes de esta venturanza,
un gesto favorable de bonanza
que no es, amor, mi verdadero gesto.

Quiero decirte, amor, con sólo esto,
que cuando tú me das a la olvidanza,
reconcomido de desesperanza
¡cuánta pena me cuestas y me cuesto!

Mi verdadero gesto es desgraciado
cuando la soledad me lo desnuda,
y desgraciado va de polo a polo.

Y no sabes, amor, que si tú el lado
mejor conoces de mi vida cruda,
yo nada más soy yo cuando estoy solo.

Sin poder, como llevan las hormigas
el pan de su menudo laboreo,
llevo sobre las venas un deseo
sujeto como pájaro con ligas.

Las fatigas divinas, las fatigas
de la muerte me dan cuando te veo

con esa leche audaz en apogeo
y ese aliento de campo con espigas.

Suelto, todas las riendas de mis venas
cuando te veo, amor, me emociono
como se debe emocionar un muerto

al caer en el hoyo... Sin arenas,
rey de mi sangre, al verte me destrono,
sin arenas, amor, pero desierto.

3

Gozar, y no morirse de contento,
sufrir, y no vencerse en el sollozo:
¡oh, qué ejemplar severidad del gozo
y qué serenidad del sufrimiento!

Dar a la sombra el estremecimiento,
si a la luz del brocal del alborozo,
y llorar tierra adentro como el pozo,
siendo al aire un sencillo monumento.

Anda que te andarás, ir por la pena,
pena adelante, a penas y alegrías
sin demostrar fragilidad ni un tanto.

¡Oh la luz de mis ojos qué serena!:
¡qué agraciado en su centro encontrarías
el desgraciado alrededor del llanto!

4

Yo te agradezco la intención, hermana,
la buena voluntad con que me asiste
tu alegría ejemplar; pero, desiste
por dios: hoy no me abras la ventana.

Por dios, hoy no me abras la ventana
de la sonrisa, hermana, que estoy triste,
lo mismo que un canario sin alpiste,
dentro de la prisión de la mañana.

No te he de sonreír: aunque porfíes
porque a compás de tu sonrisa lo haga,
no puedo sonreír ante esta tierra.

Hoy es día de llanto: ¿por qué ríes?
Ya me duele tu risa en esta llaga
del lado izquierdo, hermana... Cierra: cierra.

5

Me tiraste un limón, y tan amargo,
con una mano rápida, y tan pura,
que no menoscabó su arquitectura
y probé su amargura sin embargo.

Con el golpe amarillo, de un letargo
pasó a una desvelada calentura
mi sangre, que sintió la mordedura
de una punta de seno duro y largo.

Pero al mirarte y verte la sonrisa
que te produjo el limonado hecho,
a mi torpe malicia tan ajena,

se me durmió la sangre en la camisa,
y se volvió el poroso y áureo pecho
una picuda y deslumbrante pena.

6

Cada vez que te veo entre las flores
de los huertos de marzo sobre el río,

ansias me dan de hacer un pío pío
al modo de los puros ruy-señores.

Al modo de los puros ruy-señores
dedicarte quisiera el amor mío,
requerirte cantando hasta el estío,
donde me amordazaron tus amores.

Demasiado mayor que tu estatura,
al coger por los huertos una poma
demasiado mayor que tu apetito:

demasiado rebelde a la captura
hacia ti me conduzco por tu aroma
demasiado menor que chiquitito.

7

Después de haber cavado este barbecho,
me tomaré un descanso por la grama
y beberé del agua que en la rama
aumenta su frescura en mi provecho.

Me huele todo el cuerpo a recién hecho
por el jugoso fuego que lo inflama:
cunde la creación y se derrama
a mi mucha fatiga como un lecho.

Se tomará un descanso el hortelano
y aliviará sus penas, combatido
por el viento y el sol de un tiempo manso.

Y otra vez, inclinado cuerpo y mano,
seguirá ante la tierra perseguido
por la sombra del último descanso.

8

Tu corazón, una naranja helada
con un dentro sin luz de dulce miera
y una porosa vista de oro: un fuera
venturas prometiendo a la mirada.

Mi corazón, amor, una granada
de pechiabierto carmesí de cera,
que su sangre preciosa te ofreciera
con una obstinación enamorada.

¡Oh, qué acometimiento de quebranto
ir a tu corazón y hallar un hielo
intratable, una oscura y viva nieve!

Por los alrededores de mi llanto,
un pañuelo sediento va de vuelo
con la esperanza de que en él lo abreve.

9

¡Y qué buena es la tierra de mi huerto!:
hace un olor a madre que enamora,
mientras la azada mía el aire dora
y el regazo le deja pechiabierto.

Me sobrecoge una emoción de muerto
que va a caer al hoyo en paz, ahora,
cuando inclino la mano horticultora
y detrás de la mano el cuerpo incierto.

¿Cuándo caeré, cuándo caeré al regazo
íntimo y amoroso, donde halla
tanta delicadeza la azucena?

Debajo de mis pies siendo un abrazo,
que espera francamente que me vaya
a él, dejando estos ojos que dan pena.

10

Ni a sol ni a sombra vivo con sosiego,
que a sol y a sombra muero de baldío
con la sangre visual del labio mío
sin la tuya negándome su riego.

Árida está mi sangre sin tu apego
como un cardo montés en el estío...
¿Cuándo será que oiga el pío pío
de tu beso, mollar pájaro ciego?

Más negros que tiznados mis amores,
hasta los pormenores más livianos
detallan sus pesares con qué brío.

Dóralos con tus besos, ruy-señores,
alrededor la jaula de tus manos
y dentro, preso a gusto, mi albedrío.

11

Sabe todo mi huerto a desposado,
que está el azahar haciendo de las suyas
y va el amor de píos y de puyas
de un lado de la rama al otro lado.

Jugar al ruy-señor enamorado
quisiera con mis ansias y las tuyas,
cuando de sestear, amor, concluyas
al pie del limonero limonado.

Dando besos al aire y a la nada,
voy por el andador donde la espuma
se estrella del limón intermitente.

¡Qué alegría ser par, amor, amada,
y alto bajo el ejemplo de la pluma,
y qué pena no serlo eternamente!

12

La pena, amor, mi tía y tu sobrina,
hija del alma y prima de la arena,
la paz de mis retiros desordena
mandándome a la angustia, su vecina.

La postura y el ánimo me inclina;
y en la tierra doy siempre menos buena,
que hijo de pobre soy, cuando esta pena
me maltrata con su índole de espina.

¡Querido contramor, cuánto me haces
desamorar las cosas que más amo,
adolecer, vencerme y destruirme!

¡Esquivo contramor, no te solaces
con oponer la nada a mi reclamo,
que ya no sé qué hacer para estar firme!

13

Umbrío por la pena, casi bruno,
porque la pena tizna cuando estalla,
donde yo no me hallo no se halla
hombre más apenado que ninguno.

Pena con pena y pena desayuno,
pena es mi paz y pena mi batalla,
perro que ni me deja ni se calla,
siempre a su dueño fiel, pero importuno.

Cardos, penas, me ponen su corona,
cardos, penas, me azuzan sus leopardos
y no me dejan bueno hueso alguno.

No podrá con la pena mi persona
circundada de penas y de cardos...
¡Cuánto penar para morirse uno!

14

La pena hace silbar, lo he comprobado,
cuando el que pena, pena malherido,
pena de desamparo desabrido,
pena de soledad de enamorado.

¿Qué ruy-señor amante no ha lanzado
pálido, fervoroso y afligido,
desde la lustre soledad del nido
el amoroso silbo vulnerado?

¿Qué tórtola exquisita se resiste
ante el silencio crudo y favorable
a expresar su quebranto de vïuda?

Silbo en mi soledad, pájaro triste,
con una devoción inagotable,
y me atiende la sierra siempre muda.

15

Ya de su creación, tal vez, alhaja
de algún sereno aparte campesino

el algarrobo, el haya, el roble, el pino
que ha de dar la madera de mi caja.

Ya, tal vez, la combate y la trabaja
el leñador del ímpetu asesino
y, tal vez, por la cuesta del camino,
dando un olor a vida, muerta baja.

Ya, tal vez, la reduce a geometría:
rectas, planos, la mano que le apresta
el último zapato a todo vivo.

Y cierta, sin *tal vez,* la tierra umbría
desde la eternidad está dispuesta
a recibir mi adiós definitivo.

16

Una querencia tengo por tu acento,
una apetencia por tu compañía
y una dolencia de melancolía
por la ausencia del aire de tu viento.

Paciencia necesita mi tormento,
urgencia de tu amor y galanía,
clemencia de tu voz la tuya mía
y asistencia el estado en que lo cuento.

¡Ay querencia, dolencia y apetencia!:
me falta el aire tuyo, mi sustento,
y no sé respirar, y me desmayo.

Que venga, Dios, que venga de su ausencia
a serenar la sien del pensamiento
que me mata con un eterno rayo.

17

Como queda en la tarde que termina,
convertido en espera de barbecho
el cereal rastrojo barbihecho,
hecho una pura llaga campesina,

hecho una pura llaga campesina,
así me quedo yo solo y maltrecho
con un arado urgente junto al pecho,
que hurgando en mis entrañas me asesina.

Así me quedo yo cuando el ocaso,
escogiendo la luz, el aire amansa
y todo lo avalora y lo serena:

perfil de tierra sobre el cielo raso,
donde un arado en paz fuera descansa
dando hacia dentro un aguijón de pena.

18

Como recojo en lo último del día,
a fuerza de honda, la fuerza de meneo,
en una piedra el sol que ya no veo,
porque ya está su flor en agonía,

así recoge dentro el alma mía
por esta soledad de mi deseo
siempre en el pasto y nunca en el sesteo,
lo que le queda siempre a mi alegría:

una pena final como la tierra,
como la flor del haba blanquioscura,
como la ortiga hostil desazonada,

indomable y cruel como la sierra,
como el agua de invierno terca y pura,
recóndita y eterna como nada.

19

Fuera menos penado, si no fuera
nardo tu tez para mi vista, nardo,
cardo tu piel para mi tacto, cardo,
tuera tu voz para mi oído, tuera.

Tuera es tu voz para mi oído, tuera,
y ardo en tu voz y en tu alrededor ardo,
y tardo a arder lo que ofrecerte tardo
miera, mi voz para la tuya, miera.

Zarza es tu mano si la tiento, zarza,
ola tu cuerpo si lo alcanzo, ola,
cerca una vez, pero un millar no cerca.

Garza es mi pena, esbelta y negra garza,
sola, como un suspiro y un ay, sola,
terca en su error y en su desgracia terca.

20

Te espero en este aparte campesino
de almendro que inocencia recomienda:
a reducir mi voz por esa senda
ven, que se va otra vez por donde vino.

En el campo te espero: mi destino,
junto a la flor del trigo y de mi hacienda,
y al campo has de venir, distante prenda,
a quererme alejada del espino.

Quiere el amor romero, grama y juncia:
ven, que romero y grama son mi asedio
y la juncia mi límite y mi amparo.

A tu boca, tan breve se pronuncia,
se le va a derramar lo menos medio
del beso que a tu risa le preparo.

21

Una interior cadena de suspiros
al cuello llevo crudamente echada,
y en cada ojo, en cada mano, en cada
labio dos riendas fuertes como tiros.

Cuando a la soledad de estos retiros
vengo a olvidar tu ausencia inolvidada,
por medio de un poquito, que es por nada,
vuelven mis pensamientos a sus giros.

Alrededor de ti, muerto de pena,
como pájaros negros los extiendo
y en tu memoria pacen poco a poco.

Y angustiado desato la cadena,
y la voz de las riendas desoyendo
por el campo del llanto me desboco.

22

Te me mueres de casta y de sencilla...
Estoy convicto, amor, estoy confeso
de que, raptor intrépido de un beso,
yo te libé la flor de la mejilla.

Yo te libé la flor de la mejilla,
y desde aquel dulcísimo suceso,
tu mejilla, de escrúpulo y de peso,
se te cae deshojada y amarilla.

El fantasma del beso delincuente
el pómulo te tiene perseguido,
cada vez más patente, negro y grande.

Y sin dormir, amor, celosamente,
me vigilas la boca ¡con qué cuido!
para que no se vicie y se desmande.

23

Un acometimiento de osadía,
de ángel en rebelión, a la distancia
de tus brazos, esbelto de arrogancia
como una mar en ímpetu, me envía.

Cuando me acuerdo de la sangre umbría:
de la sangre mi madre, en circunstancia
de resplandor, palmera y abundancia,
por siempre tuya y por desgracia mía.

Mi gallo, amor, mi yugo y mi quebranto:
mi sangre, que me imprime contra todo
y me imposibilita el aire, loca.

Que me derriba apenas me levanto,
y me pulsa y me eleva ¡de qué modo!
a la visiva sangre de tu boca.

24

Tengo estos huesos hechos a las penas
y a las cavilaciones estas sienes:

pena que vas, cavilación que vienes
como el mar de la playa a las arenas.

Como el mar de la playa a las arenas,
voy en este naufragio de vaivenes,
por una noche oscura de sartenes
redondas, pobres, tristes y morenas.

Nadie me salvará de este naufragio
si no es tu amor, la tabla que procuro,
si no es tu voz, el norte que pretendo.

Eludiendo por eso el mal presagio
de que ni en ti siquiera habré seguro,
voy entre pena y pena sonriendo.

25

Yo sé que ver y oír a un triste enfada,
cuando se viene y va de la alegría
como un mar meridiano a una bahía
esquiva, cejijunta y desolada.

Lo que he sufrido y nada, todo es nada,
para lo que me queda todavía
que sufrir, el rigor de esa agonía
de abocarme y ver piedra en tu mirada.

Me callaré, me apartaré (si puedo),
con mi pena constante, instante, plena,
adonde ni has de oírme ni he de verte.

Me voy, amor, me voy, pero me quedo,
pero me voy, desierto y sin arena.
Adiós, amor; adiós hasta la muerte.

EL RAYO QUE NO CESA
[1934-1935]

A ti sola, en cumplimiento de una promesa
que habrás olvidado como si fuera tuya.

I

Un carnívoro cuchillo
de ala dulce y homicida
sostiene un vuelo y un brillo
alrededor de mi vida.

Rayo de metal crispado
fulgentemente caído,
picotea mi costado
y hace en él un triste nido.

Mi sien, florido balcón
de mis edades tempranas,
negra está, y mi corazón,
y mi corazón con canas.

Tal es la mala virtud
del rayo que me rodea,
que voy a mi juventud
como la luna a la aldea.

Recojo con las pestañas
sal del alma y sal del ojo
y flores de telarañas
de mis tristezas recojo.

¿A dónde iré que no vaya
mi perdición a buscar?
Tu destino es de la playa
y mi vocación del mar.

Descansar de esta labor
de huracán, amor o infierno
no es posible, y el dolor
me hará a mi pesar eterno.

Pero al fin podré vencerte,
ave y rayo secular,
corazón, que de la muerte
nadie ha de hacerme dudar.

Sigue, pues, sigue cuchillo,
volando, hiriendo. Algún día
se pondrá el tiempo amarillo
sobre mi fotografía.

2

¿No cesará este rayo que me habita
el corazón de exasperadas fieras
y de fraguas coléricas y herreras
donde el metal más fresco se marchita?

¿No cesará esta terca estalactita
de cultivar sus duras cabelleras
como espadas y rígidas hogueras
hacia mi corazón que muge y grita?

Este rayo ni cesa ni se agota:
de mí mismo tomó su procedencia
y ejercita en mí mismo sus furores.

Esta obstinada piedra de mí brota
y sobre mí dirige la insistencia
de sus lluviosos rayos destructores.

3

Guiando un tribunal de tiburones,
como con dos guadañas eclipsadas,
con dos cejas tiznadas y cortadas
de tiznar y cortar los corazones,

en el mío has entrado, y en él pones
una red de raíces irritadas,
que avariciosamente acaparadas
tiene en su territorio sus pasiones.

Sal de mi corazón, del que me has hecho
un girasol sumiso y amarillo
al dictamen solar que tu ojo envía:

un terrón para siempre insatisfecho,
un pez embotellado y un martillo
harto de golpear en la herrería.

4

Me tiraste un limón, y tan amargo,
con una mano cálida, y tan pura,
que no menoscabó su arquitectura
y probé su amargura sin embargo.

Con el golpe amarillo, de un letargo
dulce pasó a una ansiosa calentura
mi sangre, que sintió la mordedura
de una punta de seno duro y largo.

Pero al mirarte y verte la sonrisa
que te produjo el limonado hecho,
a mi voraz malicia tan ajena,

se me durmió la sangre en la camisa,
y se volvió el poroso y áureo pecho
una picuda deslumbrante pena.

5

Tu corazón, una naranja helada
con un dentro sin luz de dulce miera
y una porosa vista de oro: un fuera
venturas prometiendo a la mirada.

Mi corazón, una febril granada
de agrupado rubor y abierta cera,
que sus tiernos collares te ofreciera
con una obstinación enamorada.

¡Ay, qué acometimiento de quebranto
ir a tu corazón y hallar un hielo
de irreductible y pavorosa nieve!

Por los alrededores de mi llanto
un pañuelo sediento va de vuelo
con la esperanza de que en él lo abreve.

6

Umbrío por la pena, casi bruno,
porque la pena tizna cuando estalla,
donde yo no me hallo no se halla
hombre más apenado que ninguno.

Sobre la pena duermo solo y uno,
pena es mi paz y pena mi batalla,
perro que ni me deja ni se calla,
siempre a su dueño fiel, pero importuno.

Cardos y penas llevo por corona,
cardos y penas siembran sus leopardos
y no me dejan bueno hueso alguno.

No podrá con la pena mi persona
rodeada de penas y de cardos:
¡cuánto penar para morirse uno!

7

Después de haber cavado este barbecho
me tomaré un descanso por la grama
y beberé del agua que en la rama
su esclava nieve aumenta en mi provecho.

Todo el cuerpo me huele a recién hecho
por el jugoso fuego que lo inflama
y la creación que adoro se derrama
a mi mucha fatiga como un lecho.

Se tomará un descanso el hortelano
y entretendrá sus penas combatido
por el salubre sol y el tiempo manso.

Y otra vez, inclinado cuerpo y mano,
seguirá ante la tierra perseguido
por la sombra del último descanso.

8

Por tu pie, la blancura más bailable,
donde cesa en diez partes tu hermosura,
una paloma sube a tu cintura,
baja a la tierra un nardo interminable.

Con tu pie vas poniendo lo admirable
del nácar en ridícula estrechura,
y a donde va tu pie va la blancura,
perro sembrado de jazmín calzable.

A tu pie, tan espuma como playa,
arena y mar me arrimo y desarrimo
y al redil de su planta entrar procuro.

Entro y dejo que el alma se me vaya
por la voz amorosa del racimo:
pisa mi corazón que ya es maduro.

9

Fuera menos penado si no fuera
nardo tu tez para mi vista, nardo,
cardo tu piel para mi tacto, cardo,
tuera tu voz para mi oído, tuera.

Tuera es tu voz para mi oído, tuera,
y ardo en tu voz y en tu alrededor ardo,
y tardo a arder lo que a ofrecerte tardo
miera, mi voz para la tuya miera.

Zarza es tu mano si la tiento, zarza,
ola tu cuerpo si lo alcanzo, ola,
cerca una vez pero un millar no cerca.

Garza es mi pena, esbelta y triste garza,
sola como un suspiro y un ay, sola,
terca en su error y en su desgracia terca.

10

Tengo estos huesos hechos a las penas
y a las cavilaciones estas sienes:

pena que vas, cavilación que vienes
como el mar de la playa a las arenas.

Como el mar de la playa a las arenas,
voy en este naufragio de vaivenes,
por una noche oscura de sartenes
redondas, pobres, tristes y morenas.

Nadie me salvará de este naufragio
si no es tu amor, la tabla que procuro,
si no es tu voz, el norte que pretendo.

Eludiendo por eso el mal presagio
de que ni en ti siquiera habré seguro,
voy entre pena y pena sonriendo.

II

Te me mueres de casta y de sencilla:
estoy convicto, amor, estoy confeso
de que, raptor intrépido de un beso,
yo te libé la flor de la mejilla.

Yo te libé la flor de la mejilla,
y desde aquella gloria, aquel suceso,
tu mejilla, de escrúpulo y de peso,
se te cae deshojada y amarilla.

El fantasma del beso delincuente
el pómulo te tiene perseguido,
cada vez más patente, negro y grande.

Y sin dormir estás, celosamente,
vigilando mi boca ¡con qué cuido!
para que no se vicie y se desmande.

12

Una querencia tengo por tu acento,
una apetencia por tu compañía
y una dolencia de melancolía
por la ausencia del aire de tu viento.

Paciencia necesita mi tormento,
urgencia de tu garza galanía,
tu clemencia solar mi helado día,
tu asistencia la herida en que lo cuento.

¡Ay querencia, dolencia y apetencia!:
tus sustanciales besos, mi sustento,
me faltan y me muero sobre mayo.

Quiero que vengas, flor, desde tu ausencia,
a serenar la sien del pensamiento
que desahoga en mí su eterno rayo.

13

Mi corazón no puede con la carga
de su amorosa y lóbrega tormenta
y hasta mi lengua eleva la sangrienta
especie clamorosa que lo embarga.

Ya es corazón mi lengua lenta y larga,
mi corazón ya es lengua larga y lenta...
¿Quieres contar sus penas? Anda y cuenta
los dulces granos de la arena amarga.

Mi corazón no puede más de triste:
con el flotante espectro de un ahogado
vuela en la sangre y se hunde sin apoyo.

Y ayer, dentro del tuyo, me escribiste
que de nostalgia tienes inclinado
medio cuerpo hacia mí, medio hacia el hoyo.

14

Silencio de metal triste y sonoro,
espadas congregando con amores
en el final de huesos destructores
de la región volcánica del toro.

Una humedad de femenino oro
que olió puso en su sangre resplandores,
y refugió un bramido entre las flores
como un huracanado y vasto lloro.

De amorosas y cálidas cornadas
cubriendo está los trebolares tiernos
con el dolor de mil enamorados.

Bajo su piel las furias refugiadas
son en el nacimiento de sus cuernos
pensamientos de muerte edificados.

15

Me llamo barro aunque Miguel me llame.
Barro es mi profesión y mi destino
que mancha con su lengua cuanto lame.

Soy un triste instrumento del camino.
Soy una lengua dulcemente infame
a los pies que idolatro desplegada.

Como un nocturno buey de agua y barbecho
que quiere ser criatura idolatrada,

embisto a tus zapatos y a sus alrededores,
y hecho de alfombras y de besos hecho
tu talón que me injuria beso y siembro de flores.

Coloco relicarios de mi especie
a tu talón mordiente, a tu pisada,
y siempre a tu pisada me adelanto
para que tu impasible pie desprecie
todo el amor que hacia tu pie levanto.

Más mojado que el rostro de mi llanto,
cuando el vidrio lanar del hielo bala,
cuando el invierno tu ventana cierra
bajo a tus pies un gavilán de ala,
de ala manchada y corazón de tierra.
Bajo a tus pies un ramo derretido
de humilde miel pataleada y sola,
un despreciado corazón caído
en forma de alga y en figura de ola.

Barro en vano me invisto de amapola,
barro en vano vertiendo voy mis brazos,
barro en vano te muerdo los talones,
dándole a malheridos aletazos
sapos como convulsos corazones.

Apenas si me pisas, si me pones
la imagen de tu huella sobre encima,
se despedaza y rompe la armadura
de arrope bipartido que me ciñe la boca
en carne viva y pura,
pidiéndote a pedazos que la oprima
siempre tu pie de liebre libre y loca.

Su taciturna nata se arracima,
los sollozos agitan su arboleda
de lana cerebral bajo tu paso.
Y pasas, y se queda

incendiando su cera de invierno ante el ocaso,
mártir, alhaja y pasto de la rueda.

Harto de someterse a los puñales
circulantes del carro y la pezuña,
teme del barro un parto de animales
de corrosiva piel y vengativa uña.

Teme que el barro crezca en un momento,
teme que crezca y suba y cubra tierna,
tierra y celosamente
tu tobillo de junco, mi tormento,
teme que inunde el nardo de tu pierna
y crezca más y ascienda hasta tu frente.

Teme que se levante huracanado
del blando territorio del invierno
y estalle y truene y caiga diluviado
sobre tu sangre duramente tierno.

Teme un asalto de ofendida espuma
y teme un amoroso cataclismo.

Antes que la sequía lo consuma
el barro ha de volverte de lo mismo.

16

Si la sangre también, como el cabello,
con el dolor y el tiempo encaneciera,
mi sangre, roja hasta el carbunclo, fuera
pálida hasta el temor y hasta el destello.

Desde que me conozco me querello
tanto de tanto andar de fiera en fiera
sangre, y ya no es mi sangre una nevera
porque la nieve no se ocupa de ello.

Si el tiempo y el dolor fueran de plata
surcada como van diciendo quienes
a sus obligatorias y verdugas

reliquias dan lugar, como la nata,
mi corazón tendría ya las sienes
espumosas de canas y de arrugas.

17

El toro sabe al fin de la corrida,
donde prueba su chorro repentino,
que el sabor de la muerte es el de un vino
que el equilibrio impide de la vida.

Respira corazones por la herida
desde un gigante corazón vecino,
y su vasto poder de piedra y pino
cesa debilitado en la caída.

Y como el toro tú, mi sangre astada,
que el cotidiano cáliz de la muerte,
edificado con un turbio acero,

vierte sobre mi lengua un gusto a espada
diluida en un vino espeso y fuerte
desde mi corazón donde me muero.

18

Ya de su creación, tal vez, alhaja
algún sereno aparte campesino
el algarrobo, el haya, el roble, el pino
que ha de dar la materia de mi caja.

Ya, tal vez, la combate y la trabaja
el talador con ímpetu asesino
y, tal vez, por la cuesta del camino
sangrando sube y resonando baja.

Ya, tal vez, la reduce a geometría,
a pliegos aplanados quien apresta
el último refugio a todo vivo.

Y cierta y sin *tal vez,* la tierra umbría
desde la eternidad está dispuesta
a recibir mi adiós definitivo.

19

Yo sé que ver y oír a un triste enfada
cuando se viene y va de la alegría
como un mar meridiano a una bahía,
a una región esquiva y desolada.

Lo que he sufrido y nada todo es nada
para lo que me queda todavía
que sufrir, el rigor de esta agonía
de andar de este cuchillo a aquella espada.

Me callaré, me apartaré si puedo
con mi constante pena instante, plena,
a donde ni has de oírme ni he de verte.

Me voy, me voy, me voy, pero me quedo,
pero me voy, desierto y sin arena:
adiós, amor, adiós hasta la muerte.

20

No me conformo, no: me desespero
como si fuera un huracán de lava

en el presidio de una almendra esclava
o en el penal colgante de un jilguero.

Besarte fue besar un avispero
que me clama al tormento y me desclava
y cava un hoyo fúnebre y lo cava
dentro del corazón donde me muero.

No me conformo, no: ya es tanto y tanto
idolatrar la imagen de tu beso
y perseguir el curso de tu aroma.

Un enterrado vivo por el llanto,
una revolución dentro de un hueso,
un rayo soy sujeto a una redoma.

21

¿Recuerdas aquel cuello, haces memoria
del privilegio aquel, de aquel aquello
que era, almenadamente blanco y bello,
una almena de nata giratoria?

Recuerdo y no recuerdo aquella historia
de marfil expirado en un cabello,
donde aprendió a ceñir el cisne cuello
y a vocear la nieve transitoria.

Recuerdo y no recuerdo aquel cogollo
de estrangulable hielo femenino
como una lacteada y breve vía.

Y recuerdo aquel beso sin apoyo
que quedó entre mi boca y el camino
de aquel cuello, aquel beso y aquel día.

22

Vierto la red, esparzo la semilla
entre ovas, aguas, surcos y amapolas,
sembrando a secas y pescando a solas
de corazón ansioso y de mejilla.

Espero a que recaiga en esta arcilla
la lluvia con sus crines y sus colas,
relámpagos sujetos a las olas
desesperando espero en esta orilla.

Pero transcurren lunas y más lunas,
aumenta de mirada mi deseo
y no crezco en espigas o en pescados.

Lunas de perdición como ningunas,
porque sólo recojo y sólo veo
piedras como diamantes eclipsados.

23

Como el toro he nacido para el luto
y el dolor, como el toro estoy marcado
por un hierro infernal en el costado
y por varón en la ingle con un fruto.

Como el toro lo encuentra diminuto
todo mi corazón desmesurado,
y del rostro del beso enamorado,
como el toro a tu amor se lo disputo.

Como el toro me crezco en el castigo,
la lengua en corazón tengo bañada
y llevo al cuello un vendaval sonoro.

Como el toro te sigo y te persigo,
y dejas mi deseo en una espada,
como el toro burlado, como el toro.

24

Fatiga tanto andar sobre la arena
descorazonadora de un desierto,
tanto vivir en la ciudad de un puerto
si el corazón de barcos no se llena.

Angustia tanto el son de la sirena
oído siempre en un anclado huerto,
tanto la campanada por el muerto
que en el otoño y en la sangre suena,

que un dulce tiburón, que una manada
de inofensivos cuernos recentales,
habitándome días, meses y años,

ilustran mi garganta y mi mirada
de sollozos de todos los metales
y de fieras de todos los tamaños.

25

Al derramar tu voz su mansedumbre
de miel bocal, y al puro bamboleo,
en mis terrestres manos el deseo
sus rosas pone al fuego de costumbre.

Exasperado llego hasta la cumbre
de tu pecho de isla, y lo rodeo
de un ambicioso mar y un pataleo
de exasperados pétalos de lumbre.

Pero tú te defiendes con murallas
de mis alteraciones condiciosas
de sumergirse en tierras y oceanos.

Por piedra pura, indiferente, callas:
callar de piedra, que otras y otras rosas
me pones y me pones en las manos.

26

Por una senda van los hortelanos,
que es la sagrada hora del regreso,
con la sangre injuriada por el peso
de inviernos, primaveras y veranos.

Vienen de los esfuerzos sobrehumanos
y van a la canción, y van al beso,
y van dejando por el aire impreso
un olor de herramientas y de manos.

Por otra senda yo, por otra senda
que no conduce al beso aunque es la hora,
sino que merodea sin destino.

Bajo su frente trágica y tremenda,
un toro solo en la ribera llora
olvidando que es toro y masculino.

27

Lluviosos ojos que lluviosamente
me hacéis penar: lluviosas soledades,
balcones de las rudas tempestades
que hay en mi corazón adolescente.

Corazón cada día más frecuente
en para idolatrar criar ciudades

de amor que caen de todas mis edades
babilónicamente y fatalmente.

Mi corazón, mis ojos sin consuelo,
metrópolis de atmósfera sombría
gastadas por un río lacrimoso.

Ojos de ver y no gozar el cielo,
corazón de naranja cada día,
si más envejecido, más sabroso.

28

La muerte, toda llena de agujeros
y cuernos de su mismo desenlace,
bajo una piel de toro pisa y pace
un luminoso prado de toreros.

Volcánicos bramidos, humos fieros
de general amor por cuanto nace,
a llamaradas echa mientras hace
morir a los tranquilos ganaderos.

Ya puedes, amorosa fiera hambrienta,
pastar mi corazón, trágica grama,
si te gusta lo amargo de su asunto.

Un amor hacia todo me atormenta
como a ti, y hacia todo se derrama
mi corazón vestido de difunto.

ELEGÍA

29

(En Orihuela, su pueblo y el mío,
se me ha muerto como el rayo Ramón Sijé,
con quien tanto quería.)

Yo quiero ser llorando el hortelano
de la tierra que ocupas y estercolas,
compañero del alma, tan temprano.

Alimentando lluvias, caracolas
y órganos mi dolor sin instrumento,
a las desalentadas amapolas

daré tu corazón por alimento.
Tanto dolor se agrupa en mi costado,
que por doler me duele hasta el aliento.

Un manotazo duro, un golpe helado,
un hachazo invisible y homicida,
un empujón brutal te ha derribado.

No hay extensión más grande que mi herida,
lloro mi desventura y sus conjuntos
y siento más tu muerte que mi vida.

Ando sobre rastrojos de difuntos,
y sin calor de nadie y sin consuelo
voy de mi corazón a mis asuntos.

Temprano levantó la muerte el vuelo,
temprano madrugó la madrugada,
temprano estás rodando por el suelo.

No perdono a la muerte enamorada,
no perdono a la vida desatenta,
no perdono a la tierra ni a la nada.

En mis manos levanto una tormenta
de piedras, rayos y hachas estridentes
sedienta de catástrofes y hambrienta.

Quiero escarbar la tierra con los dientes,
quiero apartar la tierra parte a parte
a dentelladas secas y calientes.

Quiero minar la tierra hasta encontrarte
y besarte la noble calavera
y desamordazarte y regresarte.

Volverás a mi huerto y a mi higuera:
por los altos andamios de las flores
pajareará tu alma colmenera

de angelicales ceras y labores.
Volverás al arrullo de las rejas
de los enamorados labradores.

Alegrarás la sombra de mis cejas,
y tu sangre se irá a cada lado
disputando tu novia y las abejas.

Tu corazón, ya terciopelo ajado,
llama a un campo de almendras espumosas
mi acariciosa voz de enamorado.

A las aladas almas de las rosas
del almendro de nata te requiero,
que tenemos que hablar de muchas cosas,
compañero del alma, compañero.

[10 de enero de 1936]

SONETO FINAL

Por desplumar arcángeles glaciales,
la nevada lilial de esbeltos dientes
es condenada al llanto de las fuentes
y al desconsuelo de los manantiales.

Por difundir su alma en los metales,
por dar el fuego al hierro sus orientes,
al dolor de los yunques inclementes
lo arrastran los herreros torrenciales.

Al doloroso trato de la espina,
al fatal desaliento de la rosa
y a la acción corrosiva de la muerte

arrojado me veo, y tanta ruina
no es por otra desgracia ni otra cosa
que por quererte y sólo por quererte.

OTROS POEMAS
[1935-1936]

ELEGÍA

(En Orihuela, su pueblo y el mío,
se ha quedado novia por casar
la panadera de pan más trabajado y fino,
que le han muerto la pareja del ya imposible esposo.)

Tengo ya el alma ronca y tengo ronco
el gemido de música traidora...
Arrímate a llorar conmigo a un tronco:

retírate conmigo al campo y llora
a la sangrienta sombra de un granado
desgarrado de amor como tú ahora.

Caen desde un cielo gris desconsolado,
caen ángeles cernidos para el trigo
sobre el invierno gris desocupado.

Arrímate, retírate conmigo:
vamos a celebrar nuestros dolores
junto al árbol del campo que te digo.

Panadera de espigas y de flores,
panadera lilial de piel de era,
panadera de panes y de amores.

No tienes ya en el mundo quien te quiera,
y ya tus desventuras y las mías
no tienen compañera, compañera.

Tórtola, compañera de sus días,
que le dabas tus dedos cereales
y en su voz tu silencio entretenías.

Buscando abejas va por los panales
el silencio que ha muerto de repente
en su lengua de abejas torrenciales.

No esperes ver tu párpado caliente
ni tu cara dulcísima y morena
bajo los dos solsticios de su frente.

El moribundo rostro de tu pena
se hiela y desendulza grado a grado
sin su labor de sol y de colmena.

Como una buena fiebre iba a tu lado,
como un rayo dispuesto a ser herida,
como un lirio de olor precipitado.

Y sólo queda ya de tanta vida
un cadáver de cera desmayada
y un silencio de abeja detenida.

¿Dónde tienes en esto la mirada
si no es descarriada por el suelo,
si no es por la mejilla trastornada?

Novia sin novio, novia sin consuelo,
te advierto entre barrancos y huracanes
tan extensa y tan sola como el cielo.

Corazón de relámpagos y afanes,
paginaba los libros de tus rosas,
apacentaba el hato de tus panes.

Ibas a ser la flor de las esposas,
y a pasos de relámpago tu esposo
se te va de las manos harinosas.

Échale, harina, un toro clamoroso
negro hasta cierto punto a tu menudo
vellón de lana blanco y silencioso.

A echar copos de harina yo te ayudo
y a sufrir por lo bajo, compañera,
viuda de cuerpo y de alma yo viudo.

La inaplacable muerte nos espera
como un agua incesante y malparida
a la vuelta de cada vidrïera.

¡Cuántos amargos tragos es la vida!
Bebió él la muerte y tú la saboreas
y yo no saboreo otra bebida.

Retírate conmigo hasta que veas
con nuestro llanto dar las piedras grama,
abandonando el pan que pastoreas.

Levántate: te esperan tus zapatos
junto a los suyos muertos en tu cama,
y la lluviosa pena en tus retratos
desde cuyos presidios te reclama.

MI SANGRE ES UN CAMINO

Me empuja a martillazos y a mordiscos,
me tira con bramidos y cordeles
del corazón, del pie, de los orígenes,
me clava en la garganta garfios dulces,
erizo entre mis dedos y mis ojos,
enloquece mis uñas y mis párpados,
rodea mis palabras y mi alcoba
de hornos y herrerías,
la dirección altera de mi lengua,

y sembrando de cera su camino
hace que caiga torpe derretida.

Mujer, mira una sangre,
mira una blusa de azafrán en celo,
mira un capote líquido ciñéndose en mis huesos
como descomunales serpientes que me oprimen
acarreando angustia por mis venas.

Mira una fuente alzada de amorosos collares
y cencerros de voz atribulada
temblando de impaciencia por ocupar tu cuello,
un dictamen feroz, una sentencia,
una exigencia, una dolencia, un río
que por manifestarse se da contra las piedras,
y penden para siempre de mis
relicarios de sangre desgarrada.

Mírala con sus chivos y sus toros suicidas
corneando cabestros y montañas,
rompiéndose los cuernos a topazos,
mordiéndose de rabia las orejas,
buscándose la muerte de la frente a la cola.

Manejando mi sangre, enarbolando
revoluciones de carbón y yodo,
agrupando hasta hacerse corazón,
herramientas de muerte, rayos, hachas,
y barrancos de espuma sin apoyo,
ando pidiendo un cuerpo que manchar.

Hazte cargo, hazte cargo
de una ganadería de alacranes
tan rencorosamente enamorados,
de un castigo infinito que me parió y me agobia
como un jornal cobrado en triste plomo.

La puerta de mi sangre está en la esquina
del hacha y de la piedra,
pero en ti está la entrada irremediable.

Necesito extender este imperioso reino,
prolongar a mis padres hasta la eternidad,
y tiendo hacia ti un puente de arqueados corazones
que ya se corrompieron y que aún laten.

No me pongas obstáculos que tengo que salvar,
no me siembres de cárceles,
no bastan cerraduras ni cementos,
no, a encadenar mi sangre de alquitrán inflamado
capaz de despertar calentura en la nieve.

¡Ay qué ganas de amarte contra un árbol,
ay qué afán de trillarte en una era,
ay qué dolor de verte por la espalda
y no verte la espalda contra el mundo!

Mi sangre es un camino ante el crepúsculo
de apasionado barro y charcos vaporosos
que tiene que acabar en tus entrañas,
un depósito mágico de anillos
que ajustar a tu sangre,
un sembrado de lunas eclipsadas
que han de aumentar sus calabazas íntimas,
ahogadas en un vino con canas en los labios,
al pie de tu cintura al fin sonora.

Guárdame de sus sombras que graznan fatalmente
girando en torno mío a picotazos,
girasoles de cuervos borrascosos.
No me consientas ir de sangre en sangre
como una bala loca,
no me dejes tronar solo y tendido.

Pólvora venenosa propagada,
ornado por los ojos de tristes pirotecnias,

panal horriblemente acribillado
con un mínimo rayo doliendo en cada poro,
gremio fosforecente de acechantes tarántulas
no me consientas ser. Atiende, atiende
a mi desesperado sonreír,
donde muerdo la hiel por sus raíces
por las lluviosas penas recorrido.
Recibe esta fortuna sedienta de tu boca
que para ti heredé de tanto padre.

SINO SANGRIENTO

De sangre en sangre vengo
como el mar de ola en ola,
de color de amapola el alma tengo,
de amapola sin suerte es mi destino,
y llego de amapola en amapola
a dar en la cornada de mi sino.

Criatura hubo que vino
desde la sementera de la nada,
y vino más de una,
bajo el designio de una estrella airada
y en una turbulenta y mala luna.

Cayó una pincelada
de ensangrentado pie sobre mi vida,
cayó un planeta de azafrán en celo,
cayó una nube roja enfurecida,
cayó un mar malherido, cayó un cielo.

Vine con un dolor de cuchillada,
me esperaba un cuchillo a mi venida,
me dieron a mamar leche de tuera,
zumo de espada loca y homicida,
y al sol el ojo abrí por vez primera

y lo que vi primero era una herida
y una desgracia era.

Me persigue la sangre, ávida fiera,
desde que fui fundado,
y aun antes de que fuera
proferido, empujado
por mi madre a esta tierra codiciosa
que de los pies me tira y del costado,
y cada vez más fuerte, hacia la fosa.

Lucho contra la sangre, me debato
contra tanto zarpazo y tanta vena,
y cada cuerpo que tropiezo y trato
es otro borbotón de sangre, otra cadena.

Aunque leves, los dardos de la avena
aumentan las insignias de mi pecho:
en él se dio el amor a la labranza,
y mi alma de barbecho
hondamente ha surcado
de heridas sin remedio mi esperanza
por las ansias de muerte de su arado.

Todas las herramientas en mi acecho:
el hacha me ha dejado
recónditas señales,
las piedras, los deseos y los días
cavaron en mi cuerpo manantiales
que sólo se tragaron las arenas
y las melancolías.

Son cada vez más grandes las cadenas,
son cada vez más grandes las serpientes,
más grande y más cruel su poderío,
más grandes sus anillos envolventes,
más grande el corazón, más grande el mío.

En su alcoba poblada de vacío,
donde sólo concurren las visitas,
el picotazo y el color de un cuervo,
un manojo de cartas y pasiones escritas,
un puñado de sangre y una muerte conservo.

¡Ay sangre fulminante,
ay trepadora púrpura rugiente,
sentencia a todas horas resonante
bajo el yunque sufrido de mi frente!

La sangre me ha parido y me ha hecho preso,
la sangre me reduce y me agiganta,
un edificio soy de sangre y yeso
que se derriba él mismo y se levanta
sobre andamios de huesos.

Un albañil de sangre, muerto y rojo,
llueve y cuelga su blusa cada día
en los alrededores de mi ojo,
y cada noche con el alma mía,
y hasta con las pestañas lo recojo.

Crece la sangre, agranda
la expansión de sus frondas en mi pecho
que álamo desbordante se desmanda
y en varios torvos ríos cae deshecho.

Me veo de repente,
envuelto en sus coléricos raudales,
y nado contra todos desesperadamente
como contra un fatal torrente de puñales.
Me arrastra encarnizada su corriente,
me despedaza, me hunde, me atropella,
quiero apartarme de ella a manotazos,
y se me van los brazos detrás de ella,
y se me van las ansias en los brazos.

Me dejaré arrastrar hecho pedazos,
ya que así se lo ordenan a mi vida
la sangre y su marea,
los cuerpos y mi estrella ensangrentada.
Seré una sola y dilatada herida
hasta que dilatadamente sea
un cadáver de espuma: viento y nada.

VECINO DE LA MUERTE

Patio de vecindad que nadie alquila
igual que un pueblo de panales secos;
pintadas con recuerdos y leche las paredes
a mi ventana emiten silencios y anteojos.

Aquí dentro: aquí anduvo la muerte mi vecina
sesteando a la sombra de los sepultureros,
lamida por la lengua de un perro guarda-lápidas;
aquí, muy preservados del relente y las penas,
porfiaron los muertos con los muertos
rivalizando en huesos como en mármoles.

Oigo una voz de rostro desmayado,
unos cuervos que informan mi corazón de luto
haciéndome tragar húmedas ranas,
echándome a la cara los tornasoles trémulos
que devuelve en su espejo la inquietud.

¿Qué queda en este campo secuestrado,
en estas minas de carbón y plomo,
de tantos encerrados por riguroso orden?

No hay nada sin un monte de riqueza explotado.
Los enterrados con bastón y mitra,
los altos personajes de la muerte,
las niñas que expiraron de sed por la entrepierna

donde jamás tuvieron un arado y dos bueyes,
los duros picadores pródigos de sus músculos,
muertos con las heridas rodeadas de cuernos:
todos los destetados del aire y del amor
de un polvo huésped ahora se amantan.

¿Y para quién están los tiernos epitafios,
las alabanzas más sañudas,
formuladas a fuerza de cincel y mentiras,
atacando el silencio natural de las piedras,
todas con menoscabos y agujeros
de ser ramoneadas con hambre y con constancia
por una amante oveja de dos labios?
¿Y este espolón constituido en gallo
irá a una sombra malgastada en mármol y ladrillo?
¿No cumplirá mi sangre su misión: ser estiércol?
¿Oiré cómo murmuran de mis huesos,
me mirarán con esa mirada de tinaja vacía
que da la muerte a todo el que la trata?
¿Me asaltarán espectros en forma de coronas,
funerarios nacidos del pecado
de un cirio y una caja boquiabierta?

Yo no quiero agregar pechuga al polvo:
me niego a su destino: ser echado a un rincón.
Prefiero que me coman los lobos y los perros,
que mis huesos actúen como estacas
para atar cerdos o picar espartos.

El polvo es paz que llega con su bandera blanca
sobre los ataúdes y las casas caídas,
pero bajo los pliegues un colmillo
de rabioso marfil contaminado
nos sigue a todas partes, nos vigila,
y apenas nos paramos nos inciensa de siglos,
nos reduce a cornisas y a santos arrumbados.

Y es que el polvo no es tierra.

La tierra es un amor dispuesto a ser un hoyo,
dispuesto a ser un árbol, un volcán y una fuente.

Mi cuerpo pide el hoyo que promete la tierra,
el hoyo desde el cual daré mis privilegios de león y
    nitrato
a todas las raíces que me tiendan sus trenzas.

Guárdate de que el polvo coloque dulcemente
su secular paloma en tu cabeza,
de que incube sus huevos en tus labios,
de que anide cayéndose en tus ojos,
de que habite tranquilo en tu vestido,
de aceptar sus herencias de notarios y templos.

Úsate en contra suya,
defiéndete de su callado ataque,
asústalo con besos y caricias,
ahuyéntalo con saltos y canciones,
mátalo rociándolo de vino, amor y sangre.

En esta gran bodega donde fermenta el polvo,
donde es inútil injerir sonrisas,
pido ser cuando quieto lo que no soy movido:
un vegetal, sin ojos ni problemas;
cuajar, cuajar en algo más que en polvo,
como el sueño en estatua derribada;
que mis zapatos últimos demuestren ser cortezas,
que me produzcan cuarzos en mi encantada boca,
que se apoyen en mí sembrados y viñedos,
que me dediquen mosto las cepas por su origen.

Aquel barbecho lleno de inagotables besos,
aquella cesta de uvas quiero tener encima
cuando descanse al fin de esta faena
de dar conversaciones, abrazos y pesares,
de cultivar cabellos, arrugas y esperanzas,
y de sentir un beso sobre cada deseo.

No quiero que me entierren donde me han de enterrar.
Haré un hoyo en el campo y esperaré a que venga
la muerte en dirección a mi garganta
con un cuerno, un tintero, un monaguillo
y un collar de cencerros castrados en la lengua,
para echarme puñados de mi especie.

ÉGLOGA

...o convertido en agua, aquí llorando,
podréis allá despacio consolarme.

GARCILASO

Un claro caballero de rocío,
un pastor, un guerrero de relente
eterno es bajo el Tajo; bajo el río
de bronce decidido y transparente.

Como un trozo de puro escalofrío
resplandece su cuello, fluye y yace,
y un cernido sudor sobre su frente
le hace corona y tornasol le hace.

El tiempo ni lo ofende ni lo ultraja,
el agua lo preserva del gusano,
lo defiende del polvo, lo amortaja
y lo alhaja de arena grano a grano.

Un silencio de aliento toledano
lo cubre y lo corteja,
y sólo va silencio a su persona
y en el silencio sólo hay una abeja.

Sobre su cuerpo el agua se emociona
y bate su cencerro circulante
lleno de hondas gargantas doloridas.

Hay en su sangre fértil y distante
un enjambre de heridas:
diez de soldado y las demás de amante.

Dulce y varón, parece desarmado
un dormido martillo de diamante,
su corazón un pez maravillado
y su cabeza rota
una granada de oro apedreado
con un dulce cerebro en cada gota.

Una efusiva y amorosa cota
de mujeres de vidrio avaricioso,
sobre el alrededor de su cintura
con un cedazo gris de nada pura
garbilla el agua, selecciona y tañe,
para que no se enturbie ni se empañe
tan diáfano reposo
con ninguna porción de especie oscura.

El coro de sus manos merodea
en torno al caballero de hermosura
sin un dolor ni un arma,
y él de sus bocas de humedad rodea
su boca que aún parece que se alarma.

En vano quiere el fuego hacer ceniza
tus descansadamente fríos huesos
que ha vuelto el agua juncos militares.
Se riza lastimable y se desriza
el corazón aquel donde los besos
tantas lástimas fueron y pesares.

Diáfano y querencioso caballero,
me siento atravesado del cuchillo
de tu dolor, y si lo considero
fue tu dolor tan grande y tan sencillo.

Antes de que la voz se me concluya,
pido a mi lengua el alma de la tuya
para descarriar entre las hojas
este dolor de recomida grama
que llevo, estas congojas
de puñal a mi silla y a mi cama.

Me ofende el tiempo, no me da la vida
al paladar ni un breve refrigerio
de afectuosa miel bien concedida
y hasta el amor me sabe a cementerio.

Me quiero distraer de tanta herida.
Me da cada mañana
con decisión más firme
la desolada gana
de cantar, de llorar y de morirme.

Me quiero despedir de tanta pena,
cultivar los barbechos del olvido
y si no hacerme polvo, hacerme arena:
de mi cuerpo y su estruendo,
de mis ojos al fin desentendido,
sesteando, olvidando, sonriendo
lejos del sentimiento y del sentido.

A la orilla leal del leal Tajo
viene la primavera en este día
a cumplir su trabajo
de primavera afable, pero fría.

Abunda en galanía
y en párpados de nata
el madruguero almendro que comprende
tan susceptible flor que un soplo mata
y una mirada ofende.

Nace la lana en paz y con cautela
sobre el paciente cuello del ganado,
hace la rosa su quehacer y vuela
y el lirio nace serio y desganado.

Nada de cuanto miro y considero
mi desaliento anima
si tú no eres, claro caballero.
Como un loco acendrado te persigo:
me cansa el sol, el viento me lastima
y quiero ahogarme por vivir contigo.

EL AHOGADO DEL TAJO
(Gustavo Adolfo Bécquer)

No, ni polvo ni tierra;
inacallable metal líquido eres.

Un flujo de campanas de bronce turbio y trémulo,
un galope de espadas de acero circulante jamás
    enmohecido,
te preservan del polvo.
Y en vano se descuelga de los cuadros
para invadirte: te defiende el agua;
y en vano está la tierra reclamando su presa
haciendo un hueco íntimo en la grama.

Guitarras y arpas, liras y sollozos,
sollozos y canciones te sumergen en música.

Ahogado estás, alimentando flautas
en los cañaverales.

Todo lo ves tras vidrios y ternuras
desde un Toledo de agua sin turismo
con cancelas y muros de especies luminosas.

¡Qué maitines te suenan en los huesos,
qué corros te rodean de llanto femenino,
qué ataúdes de luna acelerada
renuevan sus rebaños de espuma afectuosa a cada
    instante!

¿Te acuerdas de la vida,
compañero del sapo que humedece las aguas con su
    silbo?
¿Te acuerdas del amor que agrega corazón,
quita cabellos, cría toros fieros?

¿Te acuerdas que sufrías oyendo las campanas,
mirando los sepulcros y los bucles,
errando por las tardes de difuntos,
manando sangre y barro que un alfarero luego
recogió para hacer botijos y macetas?

Cuando la luna vierte su influencia
en las aguas, las venas y las frutas,
por su rayo atraído flotas entre dos aguas
cubierto por las ranas de verdes corazones.

Tu morada es el Tajo: ahí estás para siempre
dedicado a ser cisne por completo.
Las cosas no se nublan más en tu corazón;
tu corazón ya tiene la dirección del río;
los besos no se agolpan en tu boca
angustiada de tanto contenerlos;
eres todo de bronce navegable,
de infinitos carrizos custodiosos,
de acero dócil hacia el mar doblado
que lavará tu muerte toda una eternidad.

ODA ENTRE ARENA Y PIEDRA
A VICENTE ALEIXANDRE

Tu padre el mar te condenó a la tierra
dándote un asesino manotazo
que hizo llorar a los corales sangre.

Las afectuosas arenas de pana torturada,
siempre con sed y siempre silenciosas,
recibieron tu cuerpo con la herencia
de otro mar borrascoso dentro del corazón,
al mismo tiempo que una flor de conchas
deshojada de párpados y arrugada de siglos,
que hasta el nácar se arruga con el tiempo.

Lo primero que hiciste fue llorar en la costa,
donde soplando el agua hasta volverla iris polvoriento
tu padre se quedó despedazando su colérico amor
entre desesperados pataleos.

Abrupto amor del mar, que abruptas penas
provocó con su acción huracanada.
¿Dónde ir con tu sangre de mar exasperado,
con tu acento de mar y tu revuelta lengua clamorosa
de mar cuya ternura no comprenden las piedras?
¿Dónde?... Y fuiste a la tierra.

...Y las vacas sonaron su caracol abundante
pariendo con los cuernos clavados en los estercoleros.
Las colinas, los pechos femeninos
y algunos corazones solitarios
se hicieron emisarios de las islas.
La sandía, tronando de alegría,
se abrió en múltiples cráteres
de abotonado hielo ensangrentado.
Y los melones, mezcla
de arrope asible y nieve atemperada,
a dulces cabezadas se toparon.

Pero aquí, en este mundo que se resuelve en hoyos,
donde la sangre ha de contarse por parejas,
las pupilas por cuatro y el deseo por millares,
¿qué puede hacer tu sangre,
el castigo mayor que tu padre te impuso,
qué puede hacer tu corazón, engendro
de una sola ola y un sol tumultuosos?
Tiznarte y más tiznarte con las cejas
y las miradas negras de las demás criaturas,
llevarte de huracán en huracanes
mordiéndote los codos de cólera amorosa.

Labranzas, siembras, podas
y las demás fatigas de la tierra;
serpientes que preparan una piel anual,
nardos que dan las gracias oliendo a quien los cuida,
selvas con animales de rizado marfil
que anudan su deseo por varios días,
tan diferentemente de los chivos
cuyo amor es ejemplo de relámpagos,
toros de corazón tan dilatado
que pueden refugiar un picaflor desperezándose;
piedras, Vicente, piedras, hasta rebeldes piedras
que sólo el sol de agosto logra hacer corazones,
hasta inhumanas piedras
te llevan al olvido de tu nación: la espuma.

Pero la cicatriz más dura y vieja
reverdece en herida al menor golpe.
La sal, la ardiente sal que presa en el salero
hace memoria de su vida de pájaro y columpio,
llegando a casi líquida y azul en los días más húmedos;
sólo la sal, la siempre constelada,
te acuerda que naciste en un lecho de algas, marinero,
¡oh tú el más combatido por la tierra,
oh tú el más rodeado de erizados rastrojos!,
cuando toca tu lengua su astral polen.

Te recorre el oceano los huesos
relampagueando perdurablemente,
tu corazón se enjoya con peces y naufragios,
y con coral, retrato del esqueleto de tu corazón,
y el agua en plenilunio con alma de tronada
te sube por la sangre a la cabeza como un vino con alas
y desemboca, ya serena, por tus ojos.

Tu padre el mar te busca arrepentido
de haberte desterrado de su flotante corazón crispado,
el más hermoso imperio de la luna,
cada vez más amargo.

Un día ha de venir detrás de cualquier río
de esos que lo combaten insuficientemente,
arrebatando huevos a las águilas
y azúcar al panal que volverá salobre,
a destilar desde tu boca atribulada
hasta tu pecho, ciudad de las estrellas.
Y al fin serás objeto
de esa espuma que tanto te lastima idolatrarla.

A RAÚL GONZÁLEZ TUÑÓN

Raúl, si el cielo azul se constelara
sobre sus cinco cielos de raúles,
a la revolución sus cinco azules
como cinco banderas entregara.

Hombres como tú eres pido para
amontonar la muerte de gandules,
cuando tú como el rayo gesticules
y como el rayo al rayo des la cara.

Enarbolado estás como el martillo,
enarbolado truenas y protestas,
enarbolado te alzas a diario,

y a los obreros de metal sencillo
invitas a estampar en turbias testas
relámpagos de fuego sanguinario.

ODA ENTRE SANGRE Y VINO
A PABLO NERUDA

Para cantar ¡qué rama terminante,
qué espejo aparte de escogida selva,
qué nido de botellas, pez y mimbres,
con qué sensibles ecos, la taberna!

Hay un rumor de fuente vigorosa
que yo me sé, que tú, sin un secreto,
con espumas creadas por los vasos
y el ansia de brotar y prodigarse.

En este aquí más íntimo que un alma,
más cárdeno que un beso del invierno,
con vocación de púrpura y sagrario,
en este aquí te cito y te congrego,
de este aquí deleitoso te rodeo.

De corazón cargado, no de espaldas,
con una comitiva de sonrisas
llegas entre apariencias de oceano
que ha perdido las olas y sus peces
a fuerza de entregarlos a la red y a la playa.

Con la boca cubierta de raíces
que se adhieren al beso como ciempieses fieros,
pasas ante paredes que chorrean
capas de cardenales y arzobispos,
y mieras, arropías, humedades
que solicitan tu asistencia de árbol
para darte el valor de la dulzura.

Yo he tenido siempre los orígenes
un antes de la leche en mi cabeza
y un presente de ubres en mis manos;
yo que llevo cubierta de montes la memoria
y de tierra vinícola la cara,
esta cara de surco articulado;
yo que quisiera siempre, siempre, siempre,
habitar donde habitan los collares;
en un fondo de mar o en un cuello de hembra,
oigo tu voz, tu propia caracola,
tu cencerro dispuesto a ser guitarra,
tu trompa de novillo destetado,
tu cuerno de sollozo invaríable.

Viene a tu voz el vino episcopal,
alhaja de los besos y los vasos
informada de risas y solsticios,
y malogrando llantos y suicidios,
moviendo un rabo lleno de rubor y relámpagos,
nos relame, muy bueno, nos circunda
de lenguas tintas, de efusivo oriámbar,
barriles, cubas, cántaros, tinajas,
caracolas crecidas de cadera
sensibles a la música y al golpe,
y una líquida pólvora nos alumbra y nos mora,
y entonces le decimos al ruiseñor que beba
y su lengua será más fervorosa.

Órganos liquidados, tórtolas y calandrias
exprimidas y labios desjugados;
imperios de granadas informales,
toros, sexos y esquilas derretidas,
desembocan templando en nuestros dientes
e incorporan sus altos privilegios
con toda propiedad a nuestra sangre.

De nuestra sangre ahora surten crestas,
espolones, cerezas y amarantos;

nuestra sangre de sol sobre la trilla
vibra martillos, alimenta fraguas,
besos inculca, fríos aniquila,
ríos por desbravar, potros exprime
y expira por los ojos, los dedos y las piernas
toradas desmandadas, chivos locos.

Corros en ascuas de irritadas siestas,
cuando todo tumbado es tregua y horizonte
menos la sangre siempre esbelta y laboriosa,
nos introducen en su atmósfera agrícola:
racimos asaltados por avispas coléricas
y abejorros tañidos, racimos revolcados
en esas delicadas polvaredas
que hacen en su alboroto mariposas y lunas;
culebras que se elevan y silban sometidas
a un régimen de luz dictatorial;
chicharras que conceden por sus élitros
aeroplanos, torrentes, cuchillos afilándose,
chicharras que anticipan la madurez del higo,
libran cohetes, elaboran sueños,
trenzas de esparto, flechas de insistencia
y un diluvio de furia universal.

Yo te veo entre vinos minerales
resucitando condes, desenterrando amadas,
recomendando al sueño pellejos cabeceros,
recomendables ubres múltiples de pezones,
con una sencillez de bueyes que sestean.
Cantas, sangras y cantas; te pones a sangrar
y no son suficientes tus heridas
ni el vientre todo tallo donde tu sangre cuaja.
Cantas, sangras y cantas.
Sangras y te ensimismas
como un cordero cuando pace o sueña.
Y miras más allá de los allases
con las venas cargadas de mujeres y barcos,
mostrando en cada parte de tus miembros

la bipartita huella de una boca,
la más dulce pezuña que ha pisado,
mientras estás sangrando al compás de los grifos.

A la vuelta de ti, mientras cantas y estragas
como una catarata que ha pasado
por entrañas de aceros y mercurios,
en tanto que demuestras desangrándote
lo puro que es soltar las riendas a las venas,
y veo entre nosotros coincidencias de barro,
referencias de ríos que dan vértigo y miedo
porque son destructoras, casi rayos,
sus corrientes que todo lo arrebatan;
a la vuelta de ti, a la del vino,
millones de rebeldes al vino y a la sangre
que miran boquiamargos, cejiserios,
se van del sexo al cielo, santos tristes,
negándole a las venas y a las viñas
su desembocadura natural;
la entrepierna, la boca, la canción,
cuando la vida pasa con las tetas al aire.

Alrededor de ti y el vino, Pablo,
todo es chicharra loca de frotarse,
de darse a la canción y a los solsticios
hasta callar de pronto hecha pedazos,
besos de pura cepa, brazos que han comprendido
su destino de anillo, de pulsera: abrazar.

Luego te callas, pasas con tu gesto de hondero
que ha librado la piedra y la ha dejado
cuajada en un lucero persuasivo;
y vendimiando inconsolables lluvias,
procurando alegría y equilibrio,
te encomiendas al alba y las esquinas
donde describes letras y serpientes
con tu palma de orín inacabable,

te arrancas las raíces que te nacen
en todo lo que tocas y contemplas
y sales a una tierra bajo la cual existen
yacimientos de cuernos, toreros y tricornios.

RELACIÓN QUE DEDICO A MI AMIGA DELIA

Qué suavidad de lirio acariciado
con tu delicadeza de lavanderas de objetos de cristal,
Delia, con tu cintura hecha para el anillo
con los tallos de hinojos más opuestos,
Delia, la de la pierna edificada con las liebres perseguidas,
Delia, la de los ojos boquiabiertos
del mismo gesto y garbo de las erales cabras.
En tu ternura hallan su origen los cogollos,
tu ternura es capaz de abrazar a los cardos
y en ella veo un agua que pasa y no se altera
entre orillas ariscas de zarza y tauromaquia.
Tu cabeza de espiga se vence hacia los lados
con un desmayo de oro cansado de abundar
y se yergue relampagueando trigo por todas partes.
Tienes por lengua arropes agrupados,
por labios nivelados terciopelos,
tu voz pasa a través de un mineral racimo
y una vez cada año de una iracunda pero dulce colmena.

No encontraréis a Delia sino muy repartida como el pan
    de los pobres
detrás de una ventana besable: su sonrisa,
queriendo apaciguar la cólera del fuego,
domar el alma rústica de la herradura y el pedernal.

Ahí estás respirando plumas como los nidos
y ofreciendo unos dedos de afectuosa lana.

EPITAFIO DESMESURADO A UN POETA
(Julio Herrera y Reissig)

Nata del polvo y su gente
y nata del cementerio,
verdaderamente serio
yace, verdaderamente.
No sé si en su hirviente frente,
manicomio y calabozo,
aún resplandece algún trozo
del relámpago bermejo
que enloqueció en su entrecejo.

Quiso ser trueno y se quedó en sollozo.

Fue una rueda solitaria
hecha con radios de amor
y a la luna y al dolor
daba una vuelta diaria.
Un águila sanguinaria
le picó cada sentido,
que aventado y esparcido
de un avaricioso modo
llevaba del cuerpo a todo.

Quiso ser trueno y se quedó en gemido.

Trueno de su sepultura
sea, y del polvo y del cieno,
este que tuvo de trueno
sangre, pasión y locura.
La espuma de su figura,
hasta perder el aliento
hizo disparos de viento
con sangre de cuando en cuando.
¿Sigue su polvo sonando?

Quiso ser trueno y se quedó en lamento.

ME SOBRA EL CORAZÓN

Hoy estoy sin saber yo no sé cómo,
hoy estoy para penas solamente,
hoy no tengo amistad,
hoy sólo tengo ansias
de arrancarme de cuajo el corazón
y ponerlo debajo de un zapato.

Hoy reverdece aquella espina seca,
hoy es día de llantos de mi reino,
hoy descarga en mi pecho el desaliento
plomo desalentado.

No puedo con mi estrella.
Y me busco la muerte por las manos
mirando con cariño las navajas,
y recuerdo aquel hacha compañera,
y pienso en los más altos campanarios
para un salto mortal serenamente.

Si no fuera ¿por qué?... no sé por qué,
mi corazón escribiría una postrera carta,
una carta que llevo allí metida,
haría un tintero de mi corazón,
una fuente de sílabas, de adioses y regalos,
y *ahí te quedas*, al mundo le diría.

Yo nací en mala luna.
Tengo la pena de una sola pena
que vale más que toda la alegría.

Un amor me ha dejado con los brazos caídos
y no puedo tenderlos hacia más.
¿No véis mi boca qué desengañada,
qué inconformes mis ojos?

Cuanto más me contemplo más me aflijo:
cortar este dolor ¿con qué tijeras?

Ayer, mañana, hoy
padeciendo por todo
mi corazón, pecera melancólica,
penal de ruiseñores moribundos.

Me sobra corazón.

Hoy descorazonarme,
yo el más corazonado de los hombres,
y por el más, también el más amargo.

No sé por qué, no sé por qué ni cómo
me perdono la vida cada día.

SONREÍDME

Vengo muy satisfecho de librarme
de la serpiente de las múltiples cúpulas,
la serpiente escamada de casullas y cálices;
su cola puso en mi boca acíbar, sus anillos verdugos
reprimieron y malaventuraron la nudosa sangre de mi
        corazón.
Vengo muy dolorido de aquel infierno de incensarios locos,
de aquella boba gloria: sonreídme.
Sonreídme, que voy
adonde estáis vosotros los de siempre,
los que cubrís de espigas y racimos la boca del que
        nos escupe,
los que conmigo en surcos, andamios, fraguas, hornos,
os arrancáis la corona del sudor a diario.

Me libré de los templos, sonreídme,
donde me consumía con tristeza de lámpara
encerrado en el poco aire de los sagrarios;
salté al monte de donde procedo,
a las viñas donde halla tanta hermana mi sangre,
a vuestra compañía de relativo barro.
Agrupa mi hambre, mis penas y estas cicatrices

que llevo de tratar piedras y hachas,
a vuestras hambres, vuestras penas y vuestra herrada carne,
porque para calmar nuestra desesperación de toros
    castigados
habremos de agruparnos oceánicamente.

Nubes tempestuosas de herramientas
para un cielo de manos vengativas
nos es preciso. Ya relampaguean
las hachas y las hoces con su metal crispado,
ya truenan los martillos y los mazos
sobre los pensamientos de los que nos han hecho
burros de carga y bueyes de labor.
Salta el capitalista de su cochino lujo,
huyen los arzobispos de sus mitras obscenas,
los notarios y los registradores de la propiedad
caen aplastados bajo furiosos protocolos,
los curas se deciden a ser hombres,
y abierta ya la jaula donde actúa el león
queda el oro en la más espantosa miseria.

En vuestros puños quiero ver rayos contrayéndose,
quiero ver a la cólera tirándose de las cejas,
la cólera me nubla todas las cosas dentro del corazón
sintiendo el martillazo del hambre en el ombligo,
viendo a mi hermana helarse mientras lava la ropa,
viendo a mi madre siempre en ayuno forzoso,
viéndoos en este estado capaz de impacientar
a los mismos corderos que jamás se impacientan.

Habrá que ver la tierra estercolada
con las injustas sangres,
habrá que ver la media vuelta fiera
de la hoz ajustándose a las nucas,
habrá que verlo todo noblemente impasibles,
habrá que hacerlo todo sufriendo un poco menos de lo
    que ahora sufrimos bajo el hambre,
que nos hace alargar las inocentes manos animales
hacia el robo y el crimen salvadores.

VIENTO DEL PUEBLO
[1937]

Dedico este libro a Vicente Aleixandre

Vicente: a nosotros, que hemos nacido poetas entre todos los hombres, nos ha hecho poetas la vida junto a todos los hombres. Nosotros venimos brotando del manantial de las guitarras acogidas por el pueblo, y cada poeta que muere deja en manos de otro, como una herencia, un instrumento que viene rodando desde la eternidad de la nada a nuestro corazón esparcido. Ante la sombra de dos poetas, nos levantamos otros dos, y ante la nuestra se levantarán otros dos de mañana. Nuestro cimiento será siempre el mismo: la tierra. Nuestro destino es parar en las manos del pueblo. Sólo esas honradas manos pueden contener lo que la sangre honrada del poeta derrama vibrante. Aquel que se atreve a manchar esas manos, aquellos que se atreven a deshonrar esa sangre, son los traidores asesinos del pueblo y la poesía, y nadie los lavará: en su misma suciedad quedarán cegados. Tu voz y la mía irrumpen del mismo veneno. Lo que echo de menos a mi guitarra, lo hallo en la tuya. Pablo Neruda y tú me habéis dado imborrables pruebas de poesía, y el pueblo hacia el que tiendo todas mis raíces alimenta y ensancha mis ansias y mis cuerdas con el soplo cálido de sus movimientos nobles.

Los poetas somos viento del pueblo: nacemos para pasar soplando a través de sus poros y conducir sus ojos y sus sentimientos hacia las cumbres hermosas. Hoy, este hoy de pasión, de vida, de muerte, nos empuja de un imponente modo a ti, a mí, a varios, hacia el pueblo. El pueblo espera a los poetas con la oreja y el alma tendidas al pie de cada siglo.

ELEGÍA PRIMERA
(A Federico García Lorca, poeta)

Atraviesa la muerte con herrumbrosas lanzas,
y en traje de cañón, las parameras
donde cultiva el hombre raíces y esperanzas,
y llueve sal, y esparce calaveras.

Verdura de las eras,
¿qué tiempo prevalece la alegría?
El sol pudre la sangre, la cubre de acechanzas
y hace brotar la sombra más sombría.

El dolor y su manto
vienen una vez más a nuestro encuentro.
Y una vez más al callejón del llanto
lluviosamente entro.

Siempre me veo dentro
de esta sombra de acíbar revocada,
amasada con ojos y bordones,
que un candil de agonía tiene puesto a la entrada
y un rabioso collar de corazones.

Llorar dentro de un pozo,
en la misma raíz desconsolada
del agua, del sollozo,
del corazón quisiera:
donde nadie me viera la voz ni la mirada,
ni restos de mis lágrimas me viera.

Entro despacio, se me cae la frente
despacio, el corazón se me desgarra
despacio, y despaciosa y negramente
vuelvo a llorar al pie de una guitarra.

Entre todos los muertos de elegía,
sin olvidar el eco de ninguno,
por haber resonado más en el alma mía,
la mano de mi llanto escoge uno.

Federico García
hasta ayer se llamó: polvo se llama.
Ayer tuvo un espacio bajo el día
que hoy el hoyo le da bajo la grama.

¡Tanto fue! ¡Tanto fuiste y ya no eres!
Tu agitada alegría,
que agitaba columnas y alfileres,
de tus dientes arrancas y sacudes,
y ya te pones triste, y sólo quieres
ya el paraíso de los ataúdes.

Vestido de esqueleto,
durmiéndote de plomo,
de indiferencia armado y de respeto,
te veo entre tus cejas si me asomo.

Se ha llevado tu vida de palomo,
que ceñía de espuma
y de arrullos el cielo y las ventanas,
como un raudal de pluma
el viento que se lleva las semanas.

Primo de las manzanas,
no podrá con tu savia la carcoma,
no podrá con tu muerte ia lengua del gusano,
y para dar salud fiera a su poma
elegirá tus huesos el manzano.

Cegado el manantial de tu saliva,
hijo de la paloma,
nieto del ruiseñor y de la oliva:
serás, mientras la tierra vaya y vuelva,
esposo siempre de la siempreviva,
estiércol padre de la madreselva.

¡Qué sencilla es la muerte: qué sencilla,
pero qué injustamente arrebatada!
No sabe andar despacio, y acuchilla
cuando menos se espera su turbia cuchillada.

Tú, el más firme edificio, destruido,
tú, el gavilán más alto, desplomado,
tú, el más grande rugido,
callado, y más callado, y más callado.

Caiga tu alegre sangre de granado,
como un derrumbamiento de martillos feroces,
sobre quien te detuvo mortalmente.
Salivazos y hoces
caigan sobre la mancha de su frente.

Muere un poeta y la creación se siente
herida y moribunda en las entrañas.
Un cósmico temblor de escalofríos
mueve temiblemente las montañas,
un resplandor de muerte la matriz de los ríos.

Oigo pueblos de ayes y valles de lamentos,
veo un bosque de ojos nunca enjutos,
avenidas de lágrimas y mantos;
y en torbellino de hojas y de vientos,
lutos tras otros lutos y otros lutos,
llantos tras otros llantos y otros llantos.

No aventarán, no arrastrarán tus huesos,
volcán de arrope, trueno de panales,

poeta entretejido, dulce, amargo,
que al calor de los besos
sentiste, entre dos largas hileras de puñales,
largo amor, muerte larga, fuego largo.

Por hacer a tu muerte compañía,
vienen poblando todos los rincones
del cielo y de la tierra bandadas de armonía,
relámpagos de azules vibraciones.
Crótalos granizados a montones,
batallones de flautas, panderos y gitanos,
ráfagas de abejorros y violines,
tormentas de guitarras y pïanos,
irrupciones de trompas y clarines.

Pero el silencio puede más que tanto instrumento.

Silencioso, desierto, polvoriento
en la muerte desierta,
parece que tu lengua, que tu aliento
los ha cerrado el golpe de una puerta.

Como si paseara con tu sombra,
paseo con la mía
por una tierra que el silencio alfombra,
que el ciprés apetece más sombría.

Rodea mi garganta tu agonía
como un hierro de horca
y pruebo una bebida funeraria.
Tú sabes, Federico García Lorca,
que soy de los que gozan una muerte diaria.

SENTADO SOBRE LOS MUERTOS

Sentado sobre los muertos
que se han callado en dos meses,

beso zapatos vacíos
y empuño rabiosamente
la mano del corazón
y el alma que lo mantiene.

Que mi voz suba a los montes
y baje a la tierra y truene,
eso pide mi garganta
desde ahora y desde siempre.

Acércate a mi clamor,
pueblo de mi misma leche,
árbol que con tus raíces
encarcelado me tienes,
que aquí estoy yo para amarte
y estoy para defenderte
con la sangre y con la boca
como dos fusiles fieles.

Si yo salí de la tierra,
si yo he nacido de un vientre
desdichado y con pobreza,
no fue sino para hacerme
ruiseñor de las desdichas,
eco de la mala suerte,
y cantar y repetir
a quien escucharme debe
cuanto a penas, cuanto a pobres,
cuanto a tierra se refiere.

Ayer amaneció el pueblo
desnudo y sin qué ponerse,
hambriento y sin qué comer,
y el día de hoy amanece
justamente aborrascado
y sangriento justamente.
En su mano los fusiles
leones quieren volverse

para acabar con las fieras
que lo han sido tantas veces.

Aunque te falten las armas,
pueblo de cien mil poderes,
no desfallezcan tus huesos,
castiga a quien te malhiere
mientras que te queden puños,
uñas, saliva, y te queden
corazón, entrañas, tripas,
cosas de varón y dientes.
Bravo como el viento bravo,
leve como el aire leve,
asesina al que asesina,
aborrece al que aborrece
la paz de tu corazón
y el vientre de tus mujeres.
No te hieran por la espalda,
vive cara a cara y muere
con el pecho ante las balas,
ancho como las paredes.

Canto con la voz de luto,
pueblo de mí, por tus héroes:
tus ansias como las mías,
tus desventuras que tienen
del mismo metal el llanto,
las penas del mismo temple,
y de la misma madera
tu pensamiento y mi frente,
tu corazón y mi sangre,
tu dolor y mis laureles.
Antemuro de la nada
esta vida me parece.

Aquí estoy para vivir
mientras el alma me suene,
y aquí estoy para morir,
cuando la hora me llegue,

en los veneros del pueblo
desde ahora y desde siempre.
Varios tragos es la vida
y un solo trago la muerte.

VIENTOS DEL PUEBLO
ME LLEVAN

Vientos del pueblo me llevan,
vientos del pueblo me arrastran,
me esparcen el corazón
y me aventan la garganta.

Los bueyes doblan la frente,
impotentemente mansa,
delante de los castigos:
los leones la levantan
y al mismo tiempo castigan
con su clamorosa zarpa.

No soy de un pueblo de bueyes
que soy de un pueblo que embargan
yacimientos de leones,
desfiladeros de águilas
y cordilleras de toros
con el orgullo en el asta.
Nunca medraron los bueyes
en los páramos de España.

¿Quién habló de echar un yugo
sobre el cuello de esta raza?
¿Quién ha puesto al huracán
jamás ni yugos ni trabas,
ni quién al rayo detuvo
prisionero en una jaula?

Asturianos de braveza,
vascos de piedra blindada,
valencianos de alegría
y castellanos de alma,
labrados como la tierra
y airosos como las alas;
andaluces de relámpago,
nacidos entre guitarras
y forjados en los yunques
torrenciales de las lágrimas;
extremeños de centeno,
gallegos de lluvia y calma,
catalanes de firmeza,
aragoneses de casta,
murcianos de dinamita
frutalmente propagada,
leoneses, navarros, dueños
del hambre, el sudor y el hacha,
reyes de la minería,
señores de la labranza,
hombres que entre las raíces,
como raíces gallardas,
vais de la vida a la muerte,
vais de la nada a la nada:
yugos os quieren poner
gente de la hierba mala,
yugos que habéis de dejar
rotos sobre sus espaldas.

Crepúsculo de los bueyes
está despuntando el alba.

Los bueyes mueren vestidos
de humildad y olor de cuadra:
las águilas, los leones
y los toros, de arrogancia,
y detrás de ellos, el cielo
ni se enturbia ni se acaba.

La agonía de los bueyes
tiene pequeña la cara,
la del animal varón
toda la creación agranda.

Si me muero, que me muera
con la cabeza muy alta.
Muerto y veinte veces muerto,
la boca contra la grama,
tendré apretados los dientes
y decidida la barba.

Cantando espero a la muerte,
que hay ruiseñores que cantan
encima de los fusiles
y en medio de las batallas.

EL NIÑO YUNTERO

Carne de yugo, ha nacido
más humillado que bello,
con el cuello perseguido
por el yugo para el cuello.

Nace, como la herramienta,
a los golpes destinado,
de una tierra descontenta
y un insatisfecho arado.

Entre estiércol puro y vivo
de vacas, trae a la vida
un alma color de olivo
vieja ya y encallecida.

Empieza a vivir, y empieza
a morir de punta a punta
levantando la corteza
de su madre con la yunta.

Empieza a sentir, y siente
la vida como una guerra,
y a dar fatigosamente
en los huesos de la tierra.

Contar sus años no sabe,
y ya sabe que el sudor
es una corona grave
de sal para el labrador.

Trabaja, y mientras trabaja
masculinamente serio,
se unge de lluvia y se alhaja
de carne de cementerio.

A fuerza de golpes, fuerte,
y a fuerza de sol, bruñido,
con una ambición de muerte
despedaza un pan reñido.

Cada nuevo día es
más raíz, menos criatura,
que escucha bajo sus pies
la voz de la sepultura.

Y como raíz se hunde
en la tierra lentamente
para que la tierra inunde
de paz y panes su frente.

Me duele este niño hambriento
como una grandiosa espina,
y su vivir ceniciento
revuelve mi alma de encina.

Lo veo arar los rastrojos,
y devorar un mendrugo,
y declarar con los ojos
que por qué es carne de yugo.

Me da su arado en el pecho,
y su vida en la garganta,
y sufro viendo el barbecho
tan grande bajo su planta.

¿Quién salvará a este chiquillo
menor que un grano de avena?
¿De dónde saldrá el martillo
verdugo de esta cadena?

Que salga del corazón
de los hombres jornaleros,
que antes de ser hombres son
y han sido niños yunteros.

LOS COBARDES

Hombres veo que de hombres
sólo tienen, sólo gastan
el parecer y el cigarro,
el pantalón y la barba.

En el corazón son liebres,
gallinas en las entrañas,
galgos de rápido vientre,
que en épocas de paz ladran
y en épocas de cañones
desaparecen del mapa.

Estos hombres, estas liebres,
comisarios de la alarma,
cuando escuchan a cien leguas
el estruendo de las balas,
con singular heroísmo
a la carrera se lanzan,
se les alborota el ano,
el pelo se les espanta.
Valientemente se esconden,

gallardamente se escapan
del campo de los peligros
estas fugitivas cacas,
que me duelen hace tiempo
en los cojones del alma.

¿Dónde iréis que no vayáis
a la muerte, liebres pálidas,
podencos de poca fe
y de demasiadas patas?
¿No os avergüenza mirar
en tanto lugar de España
a tanta mujer serena
bajo tantas amenazas?
Un tiro por cada diente
vuestra existencia reclama,
cobardes de piel cobarde
y de corazón de caña.
Tembláis como poseídos
de todo un siglo de escarcha
y vais del sol a la sombra
llenos de desconfianza.
Halláis los sótanos poco
defendidos por las casas.
Vuestro miedo exige al mundo
batallones de murallas,
barreras de plomo a orillas
de precipicios y zanjas
para vuestra pobre vida,
mezquina de sangre y ansias.
No os basta estar defendidos
por lluvias de sangre hidalga,
que no cesa de caer,
generosamente cálida,
a la gleba castellana.
No sentís el llamamiento
de las vidas derramadas.
Para salvar vuestra piel
las madrigueras no os bastan,

no os bastan los agujeros,
ni los retretes, ni nada.
Huís y huís, dando al pueblo,
mientras bebéis la distancia,
motivos para mataros
por las corridas espaldas.

Solos se quedan los hombres
al calor de las batallas
y vosotros, lejos de ellas,
queréis ocultar la infamia,
pero el color de cobardes
no se os irá de la cara.

Ocupad los tristes puestos
de la triste telaraña.
Sustituid a la escoba,
y barred con vuestras nalgas
la mierda que vais dejando
donde colocáis la planta.

ELEGÍA SEGUNDA
(A Pablo de la Torriente, comisario político)

"Me quedaré en España, compañero",
me dijiste con gesto enamorado.
Y al fin sin tu edificio tronante de guerrero
en la hierba de España te has quedado.

Nadie llora a tu lado:
desde el soldado al duro comandante,
todos te ven, te cercan y te atienden
con ojos de granito amenazante,
con cejas incendiadas que todo el cielo encienden.

Valentín el volcán, que si llora algún día
será con unas lágrimas de hierro,
se viste emocionado de alegría
para robustecer el río de tu entierro.

Como el yunque que pierde su martillo,
Manuel Moral se calla
colérico y sencillo.

Y hay muchos capitanes y muchos comisarios
quitándote pedazos de metralla,
poniéndote trofeos funerarios.

Ya no hablarás de vivos y de muertos,
ya disfrutas la muerte del héroe, ya la vida
no te verá en las calles ni en los puertos
pasar como una ráfaga garrida.

Pablo de la Torriente,
has quedado en España
y en mi alma caído:
nunca se pondrá el sol sobre tu frente,
heredará tu altura la montaña
y tu valor el toro del bramido.

De una forma vestida de preclara
has perdido las plumas y los besos,
con el sol español puesto en la cara
y el de Cuba en los huesos.

Pasad ante el cubano generoso,
hombres de su brigada,
con el fusil furioso,
las botas iracundas y la mano crispada.

Miradlo sonriendo a los terrones
y exigiendo venganza bajo sus dientes mudos
a nuestros más floridos batallones
y a sus varones como rayos rudos.

Ante Pablo los días se abstienen ya y no andan.
No temáis que se extinga su sangre sin objeto,
porque éste es de los muertos que crecen y se agrandan
aunque el tiempo devaste su gigante esqueleto.

NUESTRA JUVENTUD NO MUERE

Caídos sí, no muertos, ya postrados titanes,
están los hombres de resuelto pecho
sobre las más gloriosas sepulturas:
las eras de las hierbas y los panes,
el frondoso barbecho,
las trincheras oscuras.

Siempre serán famosas
estas sangres cubiertas de abriles y de mayos,
que hacen vibrar las dilatadas fosas
con su vigor que se decide en rayos.

Han muerto como mueren los leones:
peleando y rugiendo,
espumosa la boca de canciones,
de ímpetu las cabezas y las venas de estruendo.

Héroes a borbotones,
no han conocido el rostro a la derrota,
y victoriosamente sonriendo
se han desplomado en la besana umbría,
sobre el cimiento errante de la bota
y el firmamento de la gallardía.

Una gota de pura valentía
vale más que un oceano cobarde.

Bajo el gran resplandor de un mediodía
sin mañana y sin tarde,
unos caballos que parecen claros,
aunque son tenebrosos y funestos,

se llevan a estos hombres vestidos de disparos
a sus inacabables y entretejidos puestos.

No hay nada negro en estas muertes claras.
Pasiones y tambores detengan los sollozos.
Mirad, madres y novias, sus transparentes caras:
la juventud verdea para siempre en sus bozos.

LLAMO A LA JUVENTUD

Los quince y los dieciocho,
los dieciocho y los veinte...
Me voy a cumplir los años
al fuego que me requiere,
y si resuena mi hora
antes de los doce meses,
los cumpliré bajo tierra.
Yo trato que de mí queden
una memoria de sol
y un sonido de valiente.

Si cada boca de España,
de su juventud, pusiese
estas palabras, mordiéndolas,
en lo mejor de sus dientes;
si la juventud de España,
de un impulso solo y verde,
alzara su gallardía,
sus músculos extendiese
contra los desenfrenados
que apropiarse España quieren,
sería el mar arrojando
a la arena muda siempre
varios caballos de estiércol
de sus pueblos transparentes,
con un brazo inacabable
de perpetua espuma fuerte.

Si el Cid volviera a clavar
aquellos huesos que aún hieren
el polvo y el pensamiento,
aquel cerro de su frente,
aquel trueno de su alma
y aquella espada indeleble,
sin rival, sobre su sombra
de entrelazados laureles;
al mirar lo que de España
los alemanes pretenden,
los italianos procuran,
los moros, los portugueses,
que han grabado en nuestro cielo
constelaciones crueles
de crímenes empapados
en una sangre inocente,
subiera en su airado potro
y en su cólera celeste
a derribar trimotores
como quien derriba mieses.

Bajo una zarpa de lluvia,
y un racimo de relente,
y un ejército de sol,
campan los cuerpos rebeldes
de los españoles dignos
que al yugo no se someten,
y la claridad los sigue
y los roles los refieren.
Entre graves camilleros
hay heridos que se mueren
con el rostro rodeado
de tan diáfanos ponientes,
que son auroras sembradas
alrededor de sus sienes.
Parecen plata dormida
y oro en reposo parecen.

Llegaron a las trincheras
y dijeron firmemente:
¡Aquí echaremos raíces
antes que nadie nos eche!
Y la muerte se sintió
orgullosa de tenerles.

Pero en los negros rincones,
en los más negros, se tienden
a llorar por los caídos
madres que les dieron leche,
hermanas que los lavaron,
novias que han sido de nieve
y que se han vuelto de luto
y que se han vuelto de fiebre;
desconcertadas vïudas,
desparramadas mujeres,
cartas y fotografías
que los expresan fielmente,
donde los ojos se rompen
de tanto ver y no verles,
de tanta lágrima muda,
de tanta hermosura ausente.

Juventud solar de España:
que pase el tiempo y se quede
con un murmullo de huesos
heroicos en su corriente.
Echa tus huesos al campo,
echa las fuerzas que tienes
a las cordilleras foscas
y al olivo del aceite.
Reluce por los collados,
y apaga la mala gente,
y atrévete con el plomo,
y el hombro y la pierna extiende.

Sangre que no se desborda,
juventud que no se atreve,
ni es sangre, ni es juventud,
ni relucen, ni florecen.
Cuerpos que nacen vencidos,
vencidos y grises mueren:
vienen con la edad de un siglo,
y son viejos cuando vienen.

La juventud siempre empuja,
la juventud siempre vence,
y la salvación de España
de su juventud depende.

La muerte junto al fusil,
antes que se nos destierre,
antes que se nos escupa,
antes que se nos afrente
y antes que entre las cenizas
que de nuestro pueblo queden,
arrastrados sin remedio
gritemos amargamente:
¡Ay España de mi vida,
ay España de mi muerte!

RECOGED ESTA VOZ

Naciones de la tierra, patrias del mar, hermanos
del mundo y de la nada:
habitantes perdidos y lejanos,
más que del corazón, de la mirada.

Aquí tengo una voz enardecida,
aquí tengo una vida combatida y airada,
aquí tengo un rumor, aquí tengo una vida.

Abierto estoy, mirad, como una herida.
Hundido estoy, mirad, estoy hundido
en medio de mi pueblo y de sus males.
Herido voy, herido y malherido,
sangrando por trincheras y hospitales.

Hombres, mundos, naciones,
atended, escuchad mi sangrante sonido,
recoged mis latidos de quebranto
en vuestros espaciosos corazones,
porque yo empuño el alma cuando canto.

Cantando me defiendo
y defiendo mi pueblo cuando en mi pueblo imprimen
su herradura de pólvora y estruendo
los bárbaros del crimen.

Ésta es su obra, ésta:
pasan, arrasan como torbellinos,
y son ante su cólera funesta
armas los horizontes y muerte los caminos.

El llanto que por valles y balcones se vierte,
en las piedras diluvia y en las piedras trabaja,
y no hay espacio para tanta muerte,
y no hay madera para tanta caja.

Caravanas de cuerpos abatidos.
Todo vendajes, penas y pañuelos:
todo camillas donde a los heridos
se les quiebran las fuerzas y los vuelos.

Sangre, sangre por árboles y suelos,
sangre por aguas, sangre por paredes
y un temor de que España se desplome
del peso de la sangre que moja entre sus redes
hasta el pan que se come.

Recoged este viento,
naciones, hombres, mundos,
que parte de las bocas de conmovido aliento
y de los hospitales moribundos.

Aplicad las orejas
a mi clamor de pueblo atropellado,
al ¡ay! de tantas madres, a las quejas
de tanto ser luciente que el luto ha devorado.

Los pechos que empujaban y herían las montañas,
vedlos desfallecidos sin leche ni hermosura,
y ved las blancas novias y las negras pestañas
caídas y sumidas en una siesta oscura.

Aplicad la pasión de las entrañas
a este pueblo que muere con un gesto invencible
sembrado por los labios y la frente,
bajo los implacables aeroplanos
que arrebatan terrible,
terrible, ignominiosa, diariamente
a las madres los hijos de las manos.

Ciudades de trabajo y de inocencia,
juventudes que brotan de la encina,
troncos de bronce, cuerpos de potencia
yacen precipitados en la ruina.

Un porvenir de polvo se avecina,
se avecina un suceso
en que no quedará ninguna cosa:
ni piedra sobre piedra ni hueso sobre hueso.

España no es España, que es una inmensa fosa,
que es un gran cementerio rojo y bombardeado:
los bárbaros la quieren de este modo.

Será la tierra un denso corazón desolado,
si vosotros, naciones, hombres, mundos,
con mi pueblo del todo
y vuestro pueblo encima del costado,
no quebráis los colmillos iracundos.

II

Pero no lo será: que un mar piafante,
triunfante siempre, siempre decidido,
hecho para la luz, para la hazaña,
agita su cabeza de rebelde diamante,
bate su pie calzado en el sonido
por todos los cadáveres de España.

Es una juventud: recoged este viento.
Su sangre es el cristal que no se empaña,
su sombrero el laurel y el pedernal su aliento.

Donde clava la fuerza de sus dientes
brota un volcán de diáfanas espadas,
y sus hombros batientes,
y sus talones guían llamaradas.

Está compuesta de hombres del trabajo;
de herreros rojos, de albos albañiles,
de yunteros con rostros de cosechas.
Oceánicamente transcurren por debajo
de un fragor de sirenas y herramientas fabriles
y de gigantes arcos alumbrados con flechas.

A pesar de la muerte, estos varones
con metal y relámpagos igual que los escudos,
hacen retroceder a los cañones
acobardados, temblorosos, mudos.

El polvo no los puede y hacen del polvo fuego,
savia, explosión, verdura repentina;
con su poder de abril apasionado
precipitan el alma del espliego,
el parto de la mina,
el fértil movimiento del arado.

Ellos harán de cada ruina un prado,
de cada pena un fruto de alegría,
de España un firmamento de hermosura.
Vedlos agigantar el mediodía
y hermosearlo todo con su joven bravura.

Se merecen la espuma de los truenos,
se merecen la vida y el olor del olivo,
los españoles amplios y serenos
que mueven la mirada como un pájaro altivo.

Naciones, hombres, mundos, esto escribo:
la juventud de España saldrá de las trincheras
de pie, invencible como la semilla,
pues tiene un alma llena de banderas
que jamás se somete ni arrodilla.

Allá van por los yermos de Castilla
los cuerpos que parecen potros batalladores,
toros de victorioso desenlace,
diciéndose en su sangre de generosas flores
que morir es la cosa más grande que se hace.

Quedarán en el tiempo vencedores,
siempre de sol y majestad cubiertos,
los guerreros de huesos tan gallardos
que si son muertos son gallardos muertos:
la juventud que a España salvará, aunque tuviera
que combatir con un fusil de nardos
y una espada de cera.

ROSARIO, DINAMITERA

Rosario, dinamitera,
sobre tu mano bonita
celaba la dinamita
sus atributos de fiera.
Nadie al mirarla creyera
que había en su corazón
una desesperación
de cristales, de metralla
ansiosa de una batalla,
sedienta de una explosión.

Era tu mano derecha,
capaz de fundir leones,
la flor de las municiones
y el anhelo de la mecha.
Rosario, buena cosecha,
alta como un campanario,
sembrabas al adversario
de dinamita furiosa
y era tu mano una rosa
enfurecida, Rosario.

Buitrago ha sido testigo
de la condición de rayo
de las hazañas que callo
y de la mano que digo.
¡Bien conoció el enemigo
la mano de esta doncella,
que hoy no es mano porque de ella,
que ni un solo dedo agita,
se prendó la dinamita
y la convirtió en estrella!

Rosario, dinamitera,
puedes ser varón y eres
la nata de las mujeres,
la espuma de la trinchera.

Digna como una bandera
de triunfos y resplandores,
dinamiteros pastores,
vedla agitando su aliento
y dad las bombas al viento
del alma de los traidores.

JORNALEROS

Jornaleros que habéis cobrado en plomo
sufrimientos, trabajos y dineros.
Cuerpos de sometido y alto lomo:
jornaleros.

Españoles que España habéis ganado
labrándola entre lluvias y entre soles.
Rabadanes del hambre y el arado:
españoles.

Esta España que, nunca satisfecha
de malograr la flor de la cizaña,
de una cosecha pasa a otra cosecha:
esta España.

Poderoso homenaje a las encinas,
homenaje del toro y el coloso,
homenaje de páramos y minas
poderoso.

Esta España que habéis amamantado
con sudores y empujes de montañas,
codician los que nunca han cultivado
esta España.

¿Dejaremos llevar cobardemente
riquezas que han forjado nuestros remos?
¿Campos que han humedecido nuestra frente
dejaremos?

Adelanta, español, una tormenta
de martillos y hoces, ruge y canta.
Tu porvenir, tu orgullo, tu herramienta
adelanta.

Los verdugos, ejemplo de tiranos,
Hitler y Mussolini, labran yugos.
Sumid en un retrete de gusanos
los verdugos.

Ellos, ellos nos traen una cadena
de cárceles, miserias y atropellos.
¿Quién España destruye y desordena?
¡Ellos! ¡Ellos!

Fuera, fuera, ladrones de naciones,
guardianes de la cúpula banquera,
cluecas del capital y sus doblones:
¡fuera, fuera!

Arrojados seréis como basura
de todas partes y de todos lados.
No habrá para vosotros sepultura,
arrojados.

La saliva será vuestra mortaja,
vuestro final la bota vengativa,
y sólo os dará sombra, paz y caja
la saliva.

Jornaleros: España, loma a loma,
es de gañanes, pobres y braceros.
¡No permitáis que el rico se la coma,
jornaleros!

AL SOLDADO INTERNACIONAL
CAÍDO EN ESPAÑA

Si hay hombres que contienen un alma sin fronteras,
una esparcida frente de mundiales cabellos,
cubierta de horizontes, barcos y cordilleras,
con arena y con nieve, tú eres uno de aquellos.

Las patrias te llamaron con todas sus banderas,
que tu aliento llenara de movimientos bellos.
Quisiste apaciguar la sed de las panteras,
y flameaste henchido contra sus atropellos.

Con un sabor a todos los soles y los mares,
España te recoge por que en ella realices
tu majestad de árbol que abarca un continente.

A través de tus huesos irán los olivares
desplegando en la tierra sus más férreas raíces,
abrazando a los hombres universal, fielmente.

ACEITUNEROS

Andaluces de Jaén,
aceituneros altivos,
decidme en el alma: ¿quién,
quién levantó los olivos?

No los levantó la nada,
ni el dinero, ni el señor,
sino la tierra callada,
el trabajo y el sudor.

Unidos al agua pura
y a los planetas unidos,
los tres dieron la hermosura
de los troncos retorcidos.

Levántate, olivo cano,
dijeron al pie del viento.
Y el olivo alzó una mano
poderosa de cimiento.

Andaluces de Jaén,
aceituneros altivos,
decidme en el alma: ¿quién
amamantó los olivos?

Vuestra sangre, vuestra vida,
no la del explotador
que se enriqueció en la herida
generosa del sudor.

No la del terrateniente
que os sepultó en la pobreza,
que os pisoteó la frente,
que os redujo la cabeza.

Árboles que vuestro afán
consagró al centro del día
eran principio de un pan
que sólo el otro comía.

¡Cuántos siglos de aceituna,
los pies y las manos presos,
sol a sol y luna a luna,
pesan sobre vuestros huesos!

Andaluces de Jaén,
aceituneros altivos,
pregunta mi alma: ¿de quién,
de quién son estos olivos?

Jaén, levántate brava
sobre tus piedras lunares,
no vayas a ser esclava
con todos tus olivares.

Dentro de la claridad
del aceite y sus aromas,
indican tu libertad
la libertad de tus lomas.

VISIÓN DE SEVILLA

¿Quién te verá, ciudad de manzanilla,
amorosa ciudad, la ciudad más esbelta,
que encima de una torre llevas puesto: Sevilla?

Dolor a rienda suelta:
la ciudad de cristal se empaña, cruje.
Un tormentoso toro da una vuelta
al horizonte y al silencio, y muge.

Detrás del toro, al borde de su ruina,
la ciudad que viviera
bajo una cabellera de mujer soleada,
sobre una perfumada cabellera,
la ciudad cristalina yace pisoteada.

Una bota terrible de alemanes poblada
hunde su marca en el jazmín ligero,
pesa sobre el naranjo aleteante;
y pesa y hunde su talón grosero
un general de vino desgarrado,
de lengua pegajosa y vacilante,
de bigotes de alambre groseramente astado.

Mirad, oíd; mordiscos en las rejas,
cepos contra las manos,
horrores relucientes por las cejas,
luto en las azoteas, muerte en los sevillanos.

Cólera contenida por los gestos,
carne despedazada ante la soga,
y lágrimas ocultas en los tiestos,
en las roncas guitarras donde un pueblo se ahoga.

Un clamor de oprimidos,
de huesos que exaspera la cadena,
de tendones talados, demolidos
por un cuchillo siervo de una hiena.

Se nubló la azucena,
la airosa maravilla:
patíbulos y cárceles degüellan los gemidos,
la juventud, el aire de Sevilla.

Amordazado el ruiseñor, desierto
el arrayán, el día deshonrado,
tembloroso el cancel, el patio muerto
y el surtidor, en medio, degollado.

¿Qué son las sevillanas
de claridad radiante y penumbrosa?
Mantillas mustias, mustias porcelanas
violadas a la orilla de la fosa.

Con angustia y claveles oprime sus ventanas
la población de abril. La cal se altera
eclipsada con rojo zumo humano.
Guadalquivir, Guadalquivir, espera:
¡no te lleves a tanto sevillano!

A la ciudad del toro sólo va el buey sombrío,
en la ciudad de mayo sólo hay grises inviernos,
en la ciudad del río
sólo hay podrida sangre que resbala;
sólo hay innobles cuernos
en la ciudad del ala.

Espadas impotentes y borrachas,
junto a bueyes borrachos,
se arrastran por la eterna ciudad de las muchachas,
por la airosa ciudad de los muchachos.

¿Quién te verá, ciudad de manzanilla,
amorosa ciudad, la ciudad más esbelta
que encima de una torre llevas puesto: Sevilla?

Yo te veré: vendré desde Castilla,
vengo desde la tierra castellana,
llego a la Andalucía olivarera,
llamado por la sangre sevillana
fundida ya en claveles por esta primavera.

Vengo con una ráfaga guerrera
de jinetes y potros populares,
que están cavando al monstruo la agonía
entre cortijos, torres y olivares.

Avanza, Andalucía,
a Sevilla, y desgarra las criminales botas:
que el pueblo sevillano recobre su alegría
entre un estruendo de botellas rotas.

CENICIENTO MUSSOLINI

Ven a Guadalajara, dictador de cadenas,
carcelaria mandíbula de canto:
verás la retirada miedosa de tus hienas,
verás el apogeo del espanto.

Rumorosa provincia de colmenas,
la patria del panal estremecido,
la dulce Alcarria, amarga como el llanto,
amarga te ha sabido.

Ven y verás, mortífero bandido,
ruedas de tus cañones,
banderas de tu ejército, carne de tus soldados,
huesos de tus legiones,
trajes y corazones destrozados.

Una extensión de muertos humeantes:
muertos que humean ante la colina,
muertos bajo la nieve,
muertos sobre los páramos gigantes,
muertos junto a la encina,
muertos dentro del agua que les llueve.

Sangre que no se mueve
de convertida en hielo.

Vuela sin pluma un ala numerosa,
roja y audaz, que abarca todo el cielo
y abre a cada italiano la explosión de una fosa.

Un titánico vuelo
de aeroplanos de España
te vence, te tritura,
ansiosa telaraña,
con su majestuosa dentadura.

Ven y verás sobre la gleba oscura
alzarse como fósforo glorioso,
sobreponerse al hambre, levantarse del barro,
desprenderse del barro con emoción y brío
vívidas esculturas sin reposo,
españoles del bronce más bizarro,
con el cabello blanco de rocío.

Los verás rebelarse contra el frío,
de no beber la boca dilatada,
mas vencida la sed con la sonrisa:
de no dormir extensa la mirada,
y destrozada a tiros la camisa.

Manda plomo y acero
en grandes emisiones combativas,
con esa voluntad de carnicero
digna de que la entierren las más sucias salivas.

Agota las riquezas italianas,
la cantidad preciosa de sus seres,
deja exhaustas sus minas, sin nadie sus ventanas,
desiertos sus arados y mudos sus talleres.

Enviuda y desangra sus mujeres:
nada podrás contra este pueblo mío,
tan sólido y tan alto de cabeza,
que hasta sobre la muerte mueve su poderío,
que hasta del junco saca fortaleza.

Pueblo de Italia, un hombre te destroza:
repudia su dictamen con un gesto infinito.

Sangre unánime viertes que ni roza,
ni da en su corazón de teatro y granito.
Tus muertos callan clamorosamente
y te indican un grito
liberador, valiente.

Dictador de patíbulos, morirás bajo el diente
de tu pueblo y de miles.
Ya tus mismos cañones van contra tus soldados,
y alargan hacia ti su hierro los fusiles
que contra España tienes vomitados.

Tus muertos a escupirnos se levanten:
a escupirnos el alma se levanten los nuestros
de no lograr que nuestros vivos canten
la destrucción de tantos eslabones siniestros.

LAS MANOS

Dos especies de manos se enfrentan en la vida,
brotan del corazón, irrumpen por los brazos,
saltan, y desembocan sobre la luz herida
a golpes, a zarpazos.

La mano es la herramienta del alma, su mensaje,
y el cuerpo tiene en ella su rama combatiente.
Alzad, moved las manos en un gran oleaje,
hombres de mi simiente.

Ante la aurora veo surgir las manos puras
de los trabajadores terrestres y marinos,
como una primavera de alegres dentaduras,
de dedos matutinos.

Endurecidamente pobladas de sudores,
retumbantes las venas desde las uñas rotas,
constelan los espacios de andamios y clamores,
relámpagos y gotas.

Conducen herrerías, azadas y telares,
muerden metales, montes, raptan hachas, encinas,
y construyen, si quieren, hasta en los mismos mares
fábricas, pueblos, minas.

Estas sonoras manos oscuras y lucientes,
las reviste una piel de invencible corteza,
y son inagotables y generosas fuentes
de vida y de riqueza.

Como si con los astros el polvo peleara,
como si los planetas lucharan con gusanos,
la especie de las manos trabajadora y clara
lucha con otras manos.

Feroces y reunidas en un bando sangriento,
avanzan al hundirse los cielos vespertinos
unas manos de hueso lívido y avariento,
paisaje de asesinos.

No han sonado: no cantan. Sus dedos vagan roncos,
mudamente aletean, se ciernen, se propagan.
Ni tejieron la pana, ni mecieron los troncos,
y blandas de ocio vagan.

Empuñan crucifijos y acaparan tesoros
que a nadie corresponden sino a quien los labora,
y sus mudos crepúsculos absorben los sonoros
caudales de la aurora.

Orgullo de puñales, arma de bombardeos
con un cáliz, un crimen y un muerto en cada una:
ejecutoras pálidas de los negros deseos
que la avaricia empuña.

¿Quién lavará estas manos fangosas que se extienden
al agua y la deshonran, enrojecen y estragan?
Nadie lavará manos que en el puñal se encienden
y en el amor se apagan.

Las laboriosas manos de los trabajadores
caerán sobre vosotras con dientes y cuchillas.
Y las verán cortadas tantos explotadores
en sus mismas rodillas.

EL SUDOR

En el mar halla el agua su paraíso ansiado
y el sudor su horizonte, su fragor, su plumaje.
El sudor es un árbol desbordante y salado,
un voraz oleaje.

Llega desde la edad del mundo más remota
a ofrecer a la tierra su copa sacudida,
a sustentar la sed y la sal gota a gota,
a iluminar la vida.

Hijo del movimiento, primo del sol, hermano
de la lágrima, deja rodando por las eras,
del abril al octubre, del invierno al verano,
áureas enredaderas.

Cuando los campesinos van por la madrugada
a favor de la esteva removiendo el reposo,
se visten una blusa silenciosa y dorada
de sudor silencioso.

Vestidura de oro de los trabajadores,
adorno de las manos como de las pupilas,
por la atmósfera esparce sus fecundos olores
una lluvia de axilas.

El sabor de la tierra se enriquece y madura:
caen los copos del llanto laborioso y oliente,
maná de los varones y de la agricultura,
bebida de mi frente.

Los que no habéis sudado jamás, los que andáis yertos
en el ocio sin brazos, sin música, sin poros,
no usaréis la corona de los poros abiertos
ni el poder de los toros.

Viviréis maloliendo, moriréis apagados:
la encendida hermosura reside en los talones
de los cuerpos que mueven sus miembros trabajados
como constelaciones.

Entregad al trabajo, compañeros, las frentes:
que el sudor, con su espada de sabrosos cristales,
con sus lentos diluvios, os hará transparentes,
venturosos, iguales.

JURAMENTO DE LA ALEGRÍA

Sobre la roja España blanca y roja,
blanca y fosforecente,
una historia de polvo se deshoja,
irrumpe un sol unánime, batiente.

Es un pleno de abriles,
una primaveral caballería,
que inunda de galopes los perfiles
de España: es el ejército del sol, de la alegría.

Desaparece la tristeza, el día
devorador, el marchitado tallo,
cuando, avasalladora llamarada,
galopa la alegría en un caballo
igual que una bandera desbocada.

A su paso se paran los relojes,
las abejas, los niños se alborotan,
los vientres son más fértiles, más profusas las trojes,
saltan las piedras, los lagartos trotan.

Se hacen las carreteras de diamantes,
el horizonte lo perturban mieses
y otras visiones relampagueantes,
y se sienten felices los cipreses.

Avanza la alegría derrumbando montañas
y las bocas avanzan como escudos.
Se levanta la risa, se caen las telarañas
ante el chorro potente de los dientes desnudos.

La alegría es un huerto del corazón con mares
que a los hombres invaden de rugidos,
que a las mujeres muerden de collares
y a la piel de relámpagos transidos.

Alegráos por fin los carcomidos,
los desplomados bajo la tristeza:
salid de los vivientes ataúdes,
sacad de entre las piernas la cabeza,
caed en la alegría como grandes taludes.

Alegres animales,
la cabra, el gamo, el potro, las yeguadas,
se desposan delante de los hombres contentos.
Y paren las mujeres lanzando carcajadas,
desplegando en su carne firmamentos.

Todo son jubilosos juramentos.
Cigarras, viñas, gallos incendiados,
los árboles del Sur: naranjos y nopales,
higueras y palmeras y granados,
y encima el mediodía curtiendo cereales.

Se despedaza el agua en los zarzales:
las lágrimas no arrasan,
no duelen las espinas ni las flechas,
y se grita ¡*Salud!* a todos los que pasan
con la boca anegada de cosechas.

Tiene el mundo otra cara. Se acerca lo remoto
en una muchedumbre de bocas y de brazos.
Se ve la muerte como un mueble roto,
como una blanca silla hecha pedazos.

Salí del llanto, me encontré en España,
en una plaza de hombres de fuego imperativo.
Supe que la tristeza corrompe, enturbia, daña...
Me alegré seriamente lo mismo que el olivo.

1º DE MAYO DE 1937

No sé qué sepultada artillería
dispara desde abajo los claveles,

ni qué caballería
cruza tronando y hace que huelan los laureles.

Sementales corceles,
toros emocionados,
como una fundición de bronce y hierro,
surgen tras una crin de todos lados,
tras un rendido y pálido cencerro.

Mayo los animales pone airados:
la guerra más se aíra,
y detrás de las armas los arados
braman, hierven las flores, el sol gira.

Hasta el cadáver secular delira.

Los trabajos de mayo:
escala su cenit la agricultura.

Aparece la hoz igual que un rayo
inacabable en una mano oscura.

A pesar de la guerra delirante,
no amordazan los picos sus canciones,
y el rosal da su olor emocionante,
porque el rosal no teme a los cañones.

Mayo es hoy más colérico y potente:
lo alimenta la sangre derramada,
la juventud que convirtió en torrente
su ejecución de lumbre entrelazada.

Deseo a España un mayo ejecutivo,
vestido con la eterna plenitud de la era.
El primer árbol es su abierto olivo
y no va a ser su sangre la postrera.

La España que hoy no se ara, se arará toda entera.

EL INCENDIO

Europa se ha prendido, se ha incendiado:
de Rusia a España va, de extremo a extremo,
el incendio que lleva enarbolado,
con un furor, un ímpetu supremo.

Cabalgan sus hogueras,
trota su lumbre arrolladoramente,
arroja sus flotantes y cálidas banderas,
sus victoriosas llamas sobre el triste occidente.

Purifica, penetra en las ciudades,
alumbra, sopla, da en los rascacielos,
empuja las estatuas, muerde, aventa:
arden inmensidades
de edificios podridos como leves pañuelos,
cesa la noche, el día se acrecienta.

Cruza una gran tormenta
de aeroplanos y anhelos.

Se propaga la sombra de Lenin, se propaga,
avanza enrojecida por los hielos,
inunda estepas, salta serranías,
recoge, cierra, besa toda llaga,
aplasta las miserias y las melancolías.

Es como un sol que eclipsa las tinieblas lunares,
es como un corazón que se extiende y absorbe,
que se despliega igual que el coral de los mares
en bandadas de sangre a todo el orbe.

Es un olor que alegra los olfatos
y una canción que halla sus ecos en las minas.

España sueña llena de retratos
de Lenin entre hogueras matutinas.

Bajo un diluvio de hombres extinguidos,
España se defiende
con un soldado ardiendo de toda podredumbre.
Y por los Pirineos ofendidos
alza sus llamas, sus hogueras tiende
para estrechar con Rusia los cercos de la lumbre.

CANCIÓN DEL ESPOSO SOLDADO

He poblado tu vientre de amor y sementera,
he prolongado el eco de sangre a que respondo
y espero sobre el surco como el arado espera:
he llegado hasta el fondo.

Morena de altas torres, alta luz y altos ojos,
esposa de mi piel, gran trago de mi vida,
tus pechos locos crecen hacia mí dando saltos
de cierva concebida.

Ya me parece que eres un cristal delicado,
temo que te me rompas al más leve tropiezo,
y a reforzar tus venas con mi piel de soldado
fuera como el cerezo.

Espejo de mi carne, sustento de mis alas,
te doy vida en la muerte que me dan y no tomo.
Mujer, mujer, te quiero cercado por las balas,
ansiado por el plomo.

Sobre los ataúdes feroces en acecho,
sobre los mismos muertos sin remedio y sin fosa
te quiero, y te quisiera besar con todo el pecho
hasta en el polvo, esposa.

Cuando junto a los campos de combate te piensa
mi frente que no enfría ni aplaca tu figura,
te acercas hacia mí como una boca inmensa
de hambrienta dentadura.

Escríbeme a la lucha, siénteme en la trinchera:
aquí con el fusil tu nombre evoco y fijo,
y defiendo tu vientre de pobre que me espera,
y defiendo tu hijo.

Nacerá nuestro hijo con el puño cerrado,
envuelto en un clamor de victoria y guitarras,
y dejaré a tu puerta mi vida de soldado
sin colmillos ni garras.

Es preciso matar para seguir viviendo.
Un día iré a la sombra de tu pelo lejano,
y dormiré en la sábana de almidón y de estruendo
cosida por tu mano.

Tus piernas implacables al parto van derechas,
y tu implacable boca de labios indomables,
y ante mi soledad de explosiones y brechas
recorres un camino de besos implacables.

Para el hijo será la paz que estoy forjando.
Y al fin en un oceano de irremediables huesos
tu corazón y el mío naufragarán, quedando
una mujer y un hombre gastados por los besos.

CAMPESINO DE ESPAÑA

Traspasada por junio,
por España y la sangre,
se levanta mi lengua
con clamor a llamarte.

Campesino que mueres,
campesino que yaces
en la tierra que siente
no tragar alemanes,
no morder italianos:
español que te abates

con la nuca marcada
por un yugo infamante,
que traicionas al pueblo
defensor de los panes:
campesino, despierta,
español, que no es tarde.

Calabozos y hierros,
calabozos y cárceles,
desventuras, presidios,
atropellos y hambres,
eso estás defendiendo,
no otra cosa más grande.
Perdición de tus hijos,
maldición de tus padres,
que doblegas tus huesos
al verdugo sangrante,
que deshonras tu trigo,
que tu tierra deshaces,
campesino, despierta,
español, que no es tarde.

Retroceden al hoyo
que se cierra y se abre,
por la fuerza del pueblo
forjador de verdades,
escuadrones del crimen,
corazones brutales,
dictadores de polvo,
soberanos voraces.

Con la prisa del fuego,
en un mágico avance,
un ejército férreo
que cosecha gigantes
los arrastra hasta el polvo,
hasta el polvo los barre.

No hay quien sitie la vida,
no hay quien cerque la sangre
cuando empuña sus alas
y las clava en el aire.

La alegría y la fuerza
de estos músculos parte
como un hondo y sonoro
manantial de volcanes.

Vencedores seremos
porque somos titanes
sonriendo a las balas
y gritando *¡Adelante!*
La salud de los trigos
sólo aquí huele y arde.

De la muerte y la muerte
sois: de nadie y de nadie.
De la vida nosotros,
del sabor de los árboles.
Victoriosos saldremos
de las fúnebres fauces,
remontándonos libres
sobre tantos plumajes,
dominantes las frentes,
el mirar dominante,
y vosotros vencidos
como aquellos cadáveres.

Campesino, despierta,
español, que no es tarde.
A este lado de España
esperamos que pases:
que.tu tierra y tu cuerpo
la invasión no se trague.

PASIONARIA

Moriré como el pájaro: cantando,
penetrado de pluma y entereza,
sobre la duradera claridad de las cosas.
Cantando ha de cogerme el hoyo blando,
tendida el alma, vuelta la cabeza,
hacia las hermosuras más hermosas.

Una mujer que es una estepa sola
habitada de aceros y criaturas,
sube de espuma y atraviesa de ola
por este municipio de hermosuras.

Dan ganas de besar los pies y la sonrisa
a esta herida española,
y aquel gesto que lleva de nación enlutada,
y aquella tierra que de pronto pisa
como si contuviera la tierra en la pisada.

Fuego la enciende, fuego la alimenta:
fuego que crece, quema y apasiona
desde el almendro en flor de su osamenta.

A sus pies, la ceniza más helada se encona.

Vasca de generosos yacimientos:
encina, piedra, vida, hierba noble,
naciste para dar dirección a los vientos,
naciste para ser esposa de algún roble.

Sólo los montes pueden sostenerte,
grabada estás en tronco sensitivo,
esculpida en el sol de los viñedos.
El minero descubre por oírte y por verte
las sordas galerías del mineral cautivo,
y a través de la tierra las lleva hasta tus dedos.

Tus dedos y tus uñas fulgen como carbones,
amenazando fuego hasta a los astros
porque en mitad de la palabra pones
una sangre que deja fósforo entre sus rastros.

Claman tus brazos que hacen hasta espuma
al chocar contra el viento:
se desbordan tu pecho y tus arterias
porque tanta maleza se consuma,
porque tanto tormento,
porque tantas miserias.

Los herreros te cantan al son de la herrería,
Pasionaria el pastor escribe en la cayada
y el pescador a besos te dibuja en las velas.

Oscuro el mediodía,
la mujer redimida y agrandada,
naufragadas y heridas las gacelas
se reconocen al fulgor que envía
tu voz incandescente, manantial de candelas.

Quemando con el fuego de la cal abrasada,
hablando con la boca de los pozos mineros,
mujer, España, madre en infinito,
eres capaz de producir luceros,
eres capaz de arder de un solo grito.

Pierden maldad y sombra tigres y carceleros.
Por tu voz habla España, la de las cordilleras,
la de los brazos pobres y explotados,
crecen los héroes llenos de palmeras
y mueren saludándote pilotos y soldados.

Oyéndote batir como cubierta
de meridianos, yunques y cigarras,
el varón español sale a su puerta
a sufrir recorriendo llanuras de guitarras.

Ardiendo quedarás enardecida
sobre el arco nublado del olvido,
sobre el tiempo que teme sobrepasar tu vida
y toca como un ciego, bajo un puente
de ceño envejecido,
un violín lastimado e impotente.

Tu cincelada fuerza lucirá eternamente,
fogosamente plena de destellos.
Y aquel que de la cárcel fue mordido
terminará su llanto en tus cabellos.

EUZKADI

Italia y Alemania dilataron sus velas
de lodo carcomido,
agruparon, sembraron sus luctuosas telas,
lanzaron las arañas más negras de su nido.

Contra España cayeron, y España no ha caído.

España no es un grano,
ni una ciudad, ni dos, ni tres ciudades.
España no se abarca con la mano
que arroja en su terreno puñados de crueldades.

Al mar no se lo tragan los barcos invasores,
mientras existe un árbol el bosque no se pierde,
una pared perdura sobre un solo ladrillo.
España se defiende de reveses traidores,
y avanza, y lucha, y muerde
mientras le queda un hombre de pie como un cuchillo.

Si no se pierde todo no se ha perdido nada.

En tanto aliente un español con ira
fulgurante de espada,
¿se perderá? ¡Mentira!

Mirad, no lo contrario que sucede,
sino lo favorable que promete el futuro,
los anchos porvenires que allá se bambolean.
El acero no cede,
el bronce sigue en su color y duro,
la piedra no se ablanda por más que la golpean.

No nos queda un varón, sino millones,
ni un corazón que canta: *¡soy un muro!*,
que es una inmensidad de corazones.

En Euzkadi han caído no sé cuántos leones
y una ciudad por la invasión deshechos.
Su soplo de silencio nos anima,
y su valor redobla en nuestros pechos
atravesando España por debajo y encima.

No se debe llorar, que no es la hora,
hombres de cuya piel se transparenta
la libertad del mar trabajadora.

Quien se para a llorar, quien se lamenta
contra la piedra hostil del desaliento,
quien se pone a otra cosa que no sea el combate,
no será un vencedor, será un vencido lento.

Español, al rescate
de todo lo perdido.
¡Venceré! has de gritar sobre cada momento
para no ser vencido.

Si fuera un grano lo que nos quedara,
España salvaremos con un grano.
La victoria es un fuego que alumbra nuestra cara
desde un remoto monte cada vez más cercano.

FUERZA DEL MANZANARES

La voz de bronce no hay quien la estrangule:
mi voz de bronce no hay quien la corrompa.
No puede ser ni que el silencio anule
su soplo ejecutivo de pasión y de trompa.

Con esta voz templada al fuego vivo,
amasada en un bronce de pesares,
salgo a la puerta eterna del olivo,
y dejo dicho entre los olivares...

El río Manzanares,
un traje inexpugnable de soldado
tejido por la bala y la ribera,
sobre su adolescencia de juncos ha colgado.

Hoy es un río y antes no lo era:
era una gota de metal mezquino,
un arenal apenas transitado,
sin gloria y sin destino.

Hoy es una trinchera
de agua que no reduce nadie, nada,
tan relampagueante que parece
en la carne del mismo sol cavada.

El leve Manzanares se merece
ser mar entre los mares.

Al mar, al tiempo, al sol, a este río que crece,
jamás podrás herirlos por más que les dispares.

Tus aguas de pequeña muchedumbre,
ay río de Madrid, yo he defendido,
y la ciudad que al lado es una cumbre
de diamante agresor y esclarecido.

Cansado acaso, pero no vencido,
sale de sus jornadas el soldado.
En la boca le canta una cigarra
y otra heroica cigarra en el costado.

¿A dónde fue el colmillo con la garra?

La hiena no ha pasado
a donde más quería.

Madrid sigue en su puesto ante la hiena,
con su altura de día.

Una torre de arena
ante Madrid y el río se derrumba.

En todas las paredes está escrito:
Madrid será tu tumba.

Y alguien cavó ya el hoyo de este grito.

Al río Manzanares lo hace crecer la vena
que no se agota nunca y enriquece.

A fuerza de batallas y embestidas,
crece el río que crece
bajo los afluentes que forman las heridas.

Camino de ser mar va el Manzanares:
rojo y cálido avanza
a regar, además del Tajo y de los mares,
donde late un obrero de esperanza.

Madrid, por él regado, se abalanza
detrás de tus balcones y congojas,
grabado en un rubí de lontananza
con las paredes cada vez más rojas.

Chopos que a los soldados
levantan monumentos vegetales,
un resplandor de huesos liberados
lanzan alegremente sobre los hospitales.

El alma de Madrid inunda las naciones,
el Manzanares llega triunfante al infinito,
pasa como la historia sonando sus renglones,
y en el sabor del tiempo queda escrito.

ÍNDICE DE POEMAS

EL RAYO QUE NO CESA
[1934-1935]

Esta obra fue impresa en el mes de noviembre de 1997
en los talleres de Compañía Editorial Electrocomp, S.A. de C.V.,
que se localizan en la calzada de Tlalpan 1702,
colonia Country Club, en la ciudad de México, D.F.
La encuadernación de los ejemplares se hizo
en los mismos talleres.

Diseñó y cuidó la edición:
Rogelio Carvajal Dávila